All Voices from the Island

島嶼湧現的聲音

亞洲第一

尤美女和臺灣同婚法案的故事

陳昭如——著

First in Asia

目次

序

尤美女

永遠無法忘記二〇一九年五月十七日國際反恐同日當天，當立法院長蘇嘉全敲下法槌，宣讀《司法院釋字第七四八號解釋施行法》通過時，原來外面下著傾盆大雨，澆不熄守候在立法院外等著最後歷史性的關鍵時刻，守候同婚合法化一甲子的同志朋友和熱情支持者，雖然已成落湯雞，但那歡聲雷動、互相擁抱、哭泣的畫面，真是撼天地、泣鬼神，瞬間雨停，彩虹出現。這比電影情節還令人不可思議！

這一路走來，真是高潮迭起，比坐雲霄飛車還刺激，全世界同婚合法的歷程固然都艱辛，都在正反拉鋸中不斷拔河，但大都經過立法的抗爭或公投的殊死戰或憲法法院的一槌定音，只有臺灣經過立法、大法官會議解釋、公投、又回到立法，所有驚險都經歷過，所有挫折都嘗試過，但就是這樣打死不退、非暴力抗爭、溝通、溝通再溝通，保持正向能量、永不放棄，得來的成果更彌足珍貴。

這段捍衛同志人權的歷程，有血有淚、有衝突、有矛盾、有對立、有受傷，但均在希望同婚合法的艱難路途上，始終比肩而行。這段奮鬥的過程值得記錄，它承載著許多人的生命故事和曾經共同奮戰的珍貴回憶，也為同婚合法化的過程留下紀錄，讓後來者知道相愛的兩人未必當然有權結婚，這得來不易的成果，更要懂得珍惜。

本書的完成，要感謝陳昭如作者，她非同志卻能同理同志的困境；她非法律人，卻能寫出比法律人更深知法律、更平易近人的立法過程；她非偵探，卻能鋪陳出懸疑、緊張、刺激、柳暗花明又一村的效果。

所有運動的成功，都不會是一個人的成就，因此要感謝一甲子以來，前仆後繼的同志受害者願意站出來，一棒接一棒的奮戰；也要感謝同志團體、婦女團體、人權團體的不離不棄，始終堅定地站在那裡，不斷倡議和遊說；更要感謝蔡英文總統，提名了開明的大法官，讓同婚露出曙光；感謝大法官們作出第七四八號解釋，使同婚變成可能；感謝蘇貞昌院長的一席充滿高度的溫情喊話，召喚回民進黨守護人權的黨魂；感謝柯建銘總召守住憲政防線，感謝所有投下贊成票的立委同事們，因您們而讓所有美夢成真！更要感謝無數的同婚支持者及我國會辦公室的所有同仁，受盡委屈而讓彩虹出現天邊。最後也要感謝我的家人，謝謝你們的堅定支持，成為我的最佳後盾。

謹將這段大家共同奮鬥的歷史紀錄獻給臺灣，讓臺灣成就另一個亞洲第一的奇蹟！

一、故事的起點

二〇一九年五月十七日，國際反恐同日這天，立法院院會三讀通過行政院版本《司法院釋字第七四八號解釋施行法》（俗稱《婚姻平權法案》），臺灣成為亞洲第一個同婚合法化的國家。

原本下了大半天的傾盆大雨終於停了，立法院上空戲劇性地出現一道彩虹。立委尤美女緩緩走上青島東路的天橋，向馬路上的群眾揮舞著象徵同志平權的彩虹絲帶，臺下如潮水般洶湧的鼓掌、歡呼、尖叫聲，讓她的感受很深，那是一種揉合了喜悅與感傷，驕傲與挫折的複雜情緒。

她從來不喜歡引人注意，更不習慣成為眾人焦點，只想成為一個安靜平凡的人。二十七歲加入剛剛成立的《婦女新知》雜誌，意外打開她的性別之眼，從此走上倡議性別平權之路。擔任立委八年期間持續推動婚姻平權相關法案，引發各方劍拔弩張，議論喧囂，不只反對人士數次包圍立法院，企圖阻撓議事進行，威脅她的人身安全，更有黨內同儕頻頻放話，要她「放過民進黨」「不要再鬧了」……那麼多驚心動魄、險象環生的場景，如今回想起來，她仍覺得不可思議。

嚴格說起來，她不是長期投身同婚運動的人，卻對同志面對的歧視、偏見與汙名，一點也不陌生，這與她參與婦女運動三十多年，不斷被抹黑是鼓吹「性解放」的激進分子的情況如出一轍。她原本未必熟悉同志議題，但是很願意學習與聆聽，在她看來，同性別的兩個人無法結婚，不只是性別議題，也是人權議題。

為什麼同婚不只是性別議題，也是人權議題？

婚姻制度的核心從來不是愛或性，許多與伴侶相關的權利義務，都與婚姻綁在一起。例如只有夫妻才可以合併報稅、才有繼承問題、可以彼此替對方保險，也就是說婚姻具有公民權利的面向，如果用「配偶」或「夫妻」這些關鍵字檢視法律，至少有超過兩百條法條涉及配偶的權利義務規定。如果我們認為不論階級、族群或性別，每個公民都應該可以決定自己要不要結婚，那麼既然不論是不是好人、重刑犯、有暴力前科、或是虐待動物的人都可以結婚，為什麼同志被排除在外？

當然，婚姻也包含了其他面向，像是性、感情、生產、育兒、以及相互責任。然而婚姻的存在未必需要這些條件，當兩個成年人根據自由意志決定進入婚姻關係，國家也認可、尊重他們的承諾，這讓婚姻顯現出它的尊嚴。正因婚姻有其尊嚴，反映了社會對當事人結合的認同，若是法律不讓同志結婚，不只是剝奪他們的權益，更是對他們的汙辱，這也是尤美女決意促成同性結婚的原因。

每次有人問尤美女，你又不是同志，為什麼要推動婚姻平權？她總是說，自由民主社會要追求的穩定，應該是人人平等，法律的角色正是要保障每個人的平等，絕非基於對某個群體的偏見而制定。正如美國聯邦最高法院所言：「法律難以改變人們的偏見，但不可以為偏見服務。」她以為，婚姻關乎個人的自由選擇，任何特定族群都不該以特殊理由被剝奪這樣的自由，這是她信守與捍衛的價值。

二○一二年背負著眾人期待進入立法院，尤美女深知推動任何法案都不容易，尤其像婚姻平權這樣具有高度爭議的議題，她比任何人都戰戰兢兢，每一步都瞻前顧後。只是立法院有如政治修羅場，靠的未必是專業實力，而是政治角力，面對異議聲浪不斷的同婚議題，有人表面支持，私下反對，也有人陣前倒戈，翻臉不認，更有人立場搖擺，讓人摸不清底細，詭譎多變的不明態勢，讓沒有派系奧援、有如孤鳥的她備感壓力。眼見通往前方的每一條路都是死巷，每一扇門都敲不開，換作是其他人，大概早就放棄了，但她總是樂觀地以為，只要透過持之以恆的溝通與說服，再困難的事都可以討論，都可以找到共識。她就是不死心。

曾任尤美女立委辦公室副主任、目前是婦女新知基金會資深研究員的曾昭媛說：「她總是不厭其煩跟人溝通自己為什麼支持同婚，從來不預設對方有什麼立場，就算對方是反同的，她還是很有耐心地溝通說明，相信對方總會慢慢接受，這點我很敬佩。」

曾任尤辦法案助理、現任彩虹平權大平台（原婚姻平權大平台）執行長鄧筑媛說：「委員總是以大局為重，她知道妥協，並不激進，也懂得折衷，希望透過協調找到大家都能接受的結果。但是她也有她的堅持，如果踩到她堅守的價值底線，絕對不會退讓。」

那段日子，尤美女盡其可能地想了很多，也做了很多，然而挫折還是如影隨行，必須在各種險阻的夾縫中尋找出路。

有次同婚草案交付司法及法制委員會審查，身為召委的尤美女一個人孤伶伶地站在主席臺，等著其他人來開會討論，一直等到中午，依舊沒有半個人來，只得無奈宣布散會。她早預料法案要過關沒那麼容易，心裡仍存著一絲希望，希望只要來五個人，只要有五個人簽到，就可以開會討論了，沒想到還是被杯葛地那麼徹底。

那幾年謠言大量且快速地四處流竄，「法案通過後，只要講『一夫一妻』、『爸爸』、『媽媽』就會受罰」、「學校會增加情慾探索課程，教小朋友肛交及多P」、「同志可以結婚的話，會造成男女雜交，多人成家」……那麼多沒有事實根據的說法，只要稍加查證便可不攻自破。然而恐懼與憂慮是不需要理由的，各種不實說法透過社群媒體的推波助瀾，恐懼的情緒逐漸膨脹、發酵成了憤怒，不明究理的反同人士斥責尤美女是「惡魔」「撒但」，甚至哭喊著說：「你的所做所為上帝都在看，不是不報，只是時候未到！」

面對如此嚴厲的指控，尤美女從不浪費時間陷入低迷的情緒，只希望趕快把該做的事做好。我知道她向來EQ很高，仍舊好奇難道她都不會生氣？她給了我一個非常「尤美女式」的答案：「生氣也沒有用啊，而且我很不會吵架，吵架都會輸人，那些罵人的字眼我根本講不出來。」然後她想了想，進一步解釋給我聽：

「不同的時代有不同的困境，當年修《民法親屬編》要改掉『妻要從夫居、冠夫姓、子女從父姓、夫妻所有財產歸夫所有』這些條文，我們也是被抹黑說我們要毀家滅婚，是性解放、性氾濫、人盡可夫，把這些都跟女性主義畫上等號。推動同婚也是這樣，反對的人說同婚合法化以後就可以亂倫、多P、人獸交，講的都是同一套。很多攻擊並不是針對個人，不必往心裡放，只要大家彼此瞭解，就不會覺得別人的發言是衝著你來，就不會受傷。」

我不敢確定她是否對外界的批評或蔑視真的毫不在意，但可以肯定的是，她的善意與堅持，確實讓某些人從排斥到接納，從敵人變盟友。她的態度一直很清楚，反對的人不是她的敵人，而是她要說服的對象，如果她無法說服他們，同志就無法享有結婚的自由，她必須相信對方能夠被她說服，能夠做出決定。

認識尤美女的人都說，她很樂意溝通，也很擅長溝通，從一件小事就看得出來。

某日晚上八點多，助理都下班了，只剩她留在辦公室。一通陌生女子的來電劃破夜間的寂靜，對方甫一開口，便痛批尤美女支持同婚是破壞家庭倫常，棄道德傳統於不顧。尤美女沒有打斷，靜靜聽對方罵完後客氣表示，你好，我就是尤美女，請問你有沒有看過法案？對方說，沒有。尤美女又問，請問你這些消息是哪裡來的？對方說，大家都這麼說。等對方情緒緩和下來，尤美女從自己為何支持同婚，立法的精神與意義，到外界對法案內容的誤解等等，一口氣說了一個多鐘頭，最後竟然說服了對方。我問尤美女為什麼願意這麼做？她咯咯笑出聲來：「反正救一個是一個！」

法律本來就不脫人性，長年擔任人權律師與參與婦運的經驗，尤美女以為人性是決定許多法律的根本，法律不只是技術層面的問題，更有它的靈魂與價值。她明白，就算同志婚姻合法化了，也未必能消除外界對同志的歧視，但若法律有所變革，絕對有助於改善歧視。

一九五八年，曾有女性向臺北地院詢問與女友結婚的可能性，臺北地院以《民法》規定「婚約，應由男女當事人自行訂定」，認為同性無法合法結婚，直至二〇一九年《七四八施行法》通過才有了改變，「相愛的兩人終成眷屬」，如此簡單的心願，竟耗費了超過半個世紀才得以達成。時至今日，各界對婚姻平權的概念仍有相左的意見，無論大家看法是否一致，或可藉著瞭解尤美女推動法案的歷程與經驗，映照彼此的異同，學習理解和共存，讓差異不再帶有恐懼。

這不是一部全知視野的同婚運動史，而是一則親身參與立法者的故事。

二、乖乖牌的啓蒙

1 意外的人生

尤美女總是穿著剪裁合宜的套裝，搭配珍珠項鍊或胸針，唯有頭上幾撮挑染的紅髮，與她保守的裝扮相較，顯得有些突兀。

認識她之前，每次在媒體或公開場合見到她，我老是忍不住盯著她的紅髮看，那幾抹亮眼的酒紅色（有時稍偏橘紅色），實在是太搶眼了。認識她以後，我問她為什麼挑染，好像不太符合她一貫的美學風格，她微笑解釋給我聽：

「我從小是被訓練成要當個淑女，當個賢妻良母，外表是被馴服的，所以穿著是在外界期待的框架之內。後來有了白頭髮，設計師說，整個頭染成黑色太沉重，建議可以挑染亮一點的顏色。我說染成像太妹，要怎麼去開庭？設計師說，不會啦，可以試試看。染了以後法官好像沒有注意，朋友又都說好看，就算後來不流行了，我覺得很適合我，有點不一樣，又不是那麼突出，就一直維持下來。」

「所以，這不是代表你內心的叛逆？」我問她。

「如果我真的叛逆的話，就會染成綠色、紫色或藍色了，」她哈哈笑出聲來，「我想，我是在叛逆中帶有傳統，還是有點保守。有朋友想學我挑染，一直無法鼓起勇氣，問我怎麼那麼勇敢？我說，當你連頭髮的顏色都敢改變，就沒有什麼是不敢做的了……很多事情都是自己畫地自限，當你這一關可以突破，什麼事都可以突破。」

然後，她像是有感而發：

「這件事也給我一個啟示，有時候我們覺得很可怕的東西，想像中比實際上更可怕。就像不認識、不瞭解同志的人，只要聽到同志就覺得很恐怖，好像他們是什麼妖魔鬼怪，只要實際接觸過就知道，他們跟我們沒有什麼不同。因為不清楚、不瞭解，莫名的恐懼就會不斷放大，其實是自己嚇自己。」

尤美女常說自己從小就是「乖乖牌」，做什麼事情都是循規蹈矩，從來不曾逸出常軌。她坦承對同志議題的理解很晚，因為那樣的世界，真的離她太遙遠了。

她成長於傳統的中部家庭，成績一路領先，是永遠的班長，各類才藝比賽的常勝軍。在那個男女刻板分工的年代，她對未來沒有太多想像，她以為，只要有份穩穩當當的工作，做個女祕書之類的，就好了。

直到十八歲北上就讀臺大政治系，一切變得不同。

剛上臺北，她覺得這真是個繁華的花花世界啊，跟從小長大的彰化市簡直有著天壤之別。北部的女同學各個時髦美麗，辯才無礙，相較起來自己純樸土氣，又拙於言談，每當同學聊起流行話題，她根本插不上嘴，覺得自己像隻醜小鴨。

「臺大沒有足夠宿舍，必須在外面找地方住。我聽人家說，要拿一罐酒跟一隻雞去找承辦人才有辦法住進去，是在諷刺我們鄉下人沒見過世面吧。」她笑著回憶。

政治系學生的夢想多半是從事外交工作，她一度以為若能當上外交官，好像也滿不錯的。直到她聽學長說，外交特考一千個人只錄取五個女生，她想，這麼難，我哪可能考得上啊？

大一某次考試，她目睹同學直接拿課本出來大抄特抄，考卷互相看來看去，負責監考的老師竟視若無睹，這讓視誠實為第一榮譽的她既震驚，又憤怒。「同學公然作弊，老師也不管，然後這種人還可以拿書卷獎？我很不服氣。我在班上沒什麼朋友，當外交官又無望，那念政治系要幹嘛？」

她原先考慮轉念國貿，發現國貿系很重視數字，又必須參加轉系考，她自忖對數字一竅不通，便放棄了。後來她以代聯會訊小記者的身分訪問臺大法律系主任，聽說轉到法律系不用考試，又可以培養邏輯思考的能力，便決定轉至法律系。那時每年考上司法官或律師的機率奇低，[1]她也覺得無所謂，反正只要不限男性就好。

大學四年她花了不少時間參加社團，擔任「集郵筆友社」社長，在封閉的年代與外國友人通信，得以一窺外面浩瀚的世界。聽說救國團康輔員可以免費旅遊，她決定報考也考上了，寒暑假帶團參加阿里山健行、澎湖海上戰鬥營，結識了許多朋友（日後有團友將當年合照寄到立法院給她，讓她驚喜莫名），日子過得充實又有趣。

大學畢業前夕，其他同學都忙著國考，一心想從事教職的她四處向學校投遞履歷，竟全部石沉大海。眼看學校的宿舍即將到期，快要沒地方住了，才透過系上老師介紹到律師事務所擔任法務助理，順水推舟走回法律這條路。

有一次，事務所要替客戶將擔保金存放至A法院的提存所，另一位法務助理忙中有錯，竟將錢存到B法院，直到法院要強制執行才驚覺出錯。眼見所內大律師低聲下氣請對方律師手下留情，才避免了一場巨額損失，這讓她瞭解到，一時的疏忽會造成多麼嚴重的後果。

還有一次，老闆要求寫訴狀前要查遍所有資料，她心想，資料那麼多，怎麼可能看完？何況天下文章一大抄，所有教科書幾乎大同小異，自然就挑著翻閱。事後

1 過去政府長期限制律師錄取名額，律師錄取率始終是個位數。直到一位臺大法律系畢業生連考十多年都沒考上，選擇跳樓自殺，才在隔年大幅開放錄取名額，由個位數變成十位數。

老闆帶她走到辦公室的圖書區，問她，你全都看過了？她心虛說，對。老闆又問她？真的嗎？她仍點頭。老闆隨意抽出一本問她，這你有沒有看過？她老實承認沒有，卻死鴨子嘴硬說，反正所有教科書都一樣，老闆反問，你又沒看過，怎麼知道都一樣？讓她啞口無言。

「這些經驗讓我體認到，做事要徹底，不能投機取巧。我們做律師的訓練是一個錯字都不能有，狀子只差一個字，就可能產生嚴重後果。我有律師朋友的助理弄錯上訴期限，只差了一天，就賠了兩千萬，這給我很大的警惕，所以每一步我都走得很小心。」

尤美女很會念書，也很會考試，爾後她考上臺大法研所，又同時考取司法官及律師，儼然是人生勝利組了。她自認法官工作與她個性不合（她的說法是：「我是那種追根究柢的人，每個案子一定會花很多時間，每個案子都會開花，積案一多就會很恐怖。」），決定選擇當執業律師。她原以為人生就是這樣了，然而命運的轉折超出她的想像，這個巨大的轉折，就是加入《婦女新知》雜誌（一九八七年立案成立「財團法人婦女新知基金會」）。

一九八二年，李元貞等人有感於呂秀蓮因美麗島事件被捕入獄，擔心好不容易萌芽的婦運種子從此夭折，決定創辦雜誌推廣理念。她們想找具法律背景的女性成為夥伴，透過尤美女彰化女中的學姐劉毓秀，找上甫成為律師的尤美女。起初尤美女對婦女運動完全沒有概念，倒是當時的男友、後來成為她先生的黃瑞明（現任大法官）鼓勵她，不妨去多認識一些人，瞭解一下人家想做什麼，開開眼界。

「我是喝國民黨奶水長大的乖乖牌，對政治沒有太大興趣，我先生在臺大念法研所的時候就是反對派，會寫文章批評時政，在政治上對我有很大的啟蒙，因為他的鼓勵，我就決定去看看。」

她鄭重其事穿著套裝、高跟鞋赴約，見到紀錄片導演簡扶育頭戴鴨舌帽、穿短褲、揹著重重的相機，興致勃勃說起要去攀爬百岳的計畫，聽得她目瞪口呆，她從來沒想過，原來女人可以穿得如此率性，做著（她以為）男人才能做的事。更讓她驚訝的是，在場每個人所學不同（如李元貞學中文、吳嘉麗學化學、薄慶容學統計；

……），對任何議題都能侃侃而談，從不同角度進行解析，聽得她一愣一愣的。她怎麼樣也想不通，為什麼同一個問題會有不同答案，可是聽起來又好有道理？為什麼自己從來沒從這樣的角度思考過？她第一次見識到什麼叫作「獨立思考」，什麼叫作「多元」，這讓她感到震驚。

李元貞問她：「新科律師聽我們這些大姐姐嘰嘰喳喳的，一句話都沒說，好客氣啊，你要不要想想如何以婦女為主體，寫些探討婦女問題的法律文章？」

婦女問題？婦女有什麼「問題」？眼見尤美女一頭霧水，李元貞說，婦女怎麼沒有問題？女人被家暴、被離婚、被掃地出門，連子女監護權和財產都沒有。尤美女反駁說，可是學校老師說法律符合傳統，沒有男女不平等的問題啊！李元貞笑說，你被騙了啦，先生把太太打出去，還可以到法院告太太不履行同居義務，就把太太休掉……怎麼沒有？

在場所有人你一言我一語地談起父權獨大及男尊女卑，尤美女一時反應不過來，腦子一片空白。男女平等，這不是基本的法律價值嗎？而且法條上都是這麼寫的啊，難道不是真的？她意識到自己只有法律專業，欠缺其他知識，這讓她感到羞愧。

一日她在報上看到新聞，斗大的標題「青天大老爺，冤枉啊！」引起她注意：有位太太遇人不淑，先生好吃懶做、又吃喝嫖賭，每次要錢不遂就拳打腳踢。一次先生又向太太要錢不成，竟拿剪刀剪斷她的雙耳及頭髮，驚惶失措的太太跳窗逃走，跑到派出所向警察求救，先生拿著剪刀從後面追蹤而至，大喊：「你偷漢子，還敢說什麼？」警察看看血淋淋的太太，再看看怒氣沖沖的先生，竟說，這是你們的家務事，你們自己回去協調，連筆錄都沒做就離開了。

「先生手上拿著犯案工具，依法任何人都可以追呼逮捕，何況已經到警察面前了，警察竟不以現行犯逮捕，還說這是家務事，如果太太懂法律，就不會被警察唬弄，可以據理力爭，可是大部分女人不懂這些。我擔心那個太太回家以後，會不會被打得更慘？在今日看來，明明是樁家暴事件，但當時還沒有家暴這個字眼，難怪記者看得目瞪口呆。」尤美女回憶說道。

她認真思考了幾天，寫下〈法律常識使女人更有信心〉一文，從該事件出發討論相關法律：

如果耳朵雖被剪斷，可是送醫治療的結果仍能恢復聽能，就不算重傷害案件，就須「告訴乃論」，所以警方或檢察官仍不能主動偵辦……那位婦人可以請醫生驗傷，出具傷單……以書狀或言詞提出申告，也可以直接到檢察處按鈴申告……現行的法律對於婦女並非毫無保障，可能一般婦女自身欠缺法律知識，不知如何來維護和行使已有的權利罷了！[2]

她寫完稿子，交了出去，心裡卻忐忑極了。《婦女新知》臥虎藏龍，不是學者就是專家，每個人談論說理都頭頭是道，反觀她只是個初出茅廬的小律師，這樣的文章，能登得了大雅之堂嗎？

一封來自英國的海外讀者來信，改變了她的想法。該名讀者說看了文章，才知道法律沒有那麼生澀難懂，而是與生活息息相關的（這名熱情讀者，就是當時在英國念書的高雄醫學大學性別研究所退休教授成令方），這對初試啼聲的尤美女，無疑是莫大的鼓舞。她更加認真閱讀《婦女新知》雜誌，從第一頁精讀到最後一頁，慢慢建構起自己的婦女意識，當她睜開性別的眼睛，她看到另一個世界，一個性別不平等的世界。從此，她更加確定法律專業不只是謀生的本事，更是助人的工具，從此努力思索婦女的困境，開始提筆寫下一篇篇以婦女為主體、批判現行法律的文章，首開婦女法律專欄的先河。

2 文化震撼

一九八二年《婦女新知》創刊，以雜誌宣揚理念，看似簡單，實則艱險。美麗

2 見《婦女新知》第三期，頁四至頁五，一九八二年四月一日。

島事件是三年前的事，林義雄家的滅門血案仍讓人餘悸猶存，民進黨要四年以後才會成立，要說尤美女是「提著頭顱向上帝借膽」加入婦運行列，一點也不為過。

威權時代的細節以及鋪天蓋地的羅網，不是歷史課本中的「戒嚴」兩個字而已。尤美女並不害怕，或者是不知道害怕，透過婦運夥伴的引導與討論，她慢慢意識到法律忽略女性權益，明顯否定《憲法》保障的平等價值，這是她無法接受的。

八〇年代後半期，長期的黨國控制、威權體制逐漸鬆動，黨禁、報禁陸續解除，社會變化快得令人目不暇給。一九八六年，祁家威無懼社會壓力，成為第一位公開出櫃的同志，他向臺北地方法院申請與男友結婚被拒，理由是「違反善良風俗」。他轉向立法院請願，立法院的答覆是：「同性戀者為少數之變態，純為滿足情慾者，違背社會善良風俗。」

祁家威召開國際記者會，說明出櫃「是期望社會能多瞭解同性戀者，以維護同性戀者的人權」。他發表八千字〈對社會大眾及同性戀者的懇切聲明及呼籲〉一文，建議「社會大眾及同性戀者各應有的認知和行為」，內容包括：

在一般民眾方面：一、多和同性戀者做朋友；二、同性戀者並非病態或變態，為人父母者不要痛責同性戀的子女；三、父母親若為同性戀者，為人子女者不要痛恨他們；四、為人師長者不要排斥同性戀者的學生；五、為人雇主者不要貶抑同性戀者的員工；六、大眾傳播不要刻意醜化同性戀者。

在同性戀者方面：一、日常生活環境中，在適當時機應坦承自己的感情傾向；二、同性戀者應自重，才能獲得別人的敬重；三、性伴侶人數的增加，目前應遲緩下來，最多半年一個；四、不做露水姻緣式的「陌情」之愛；五、性行為時務必使用保險套；六、不要以金錢或物質作為性行為接觸的代價報償；七、不要使用麻醉或興奮、鎮靜的藥物、毒品；八、不和外國人士或久居國外的華裔、華僑人士發生性行為；九、定期抽血檢驗，三個月至一年須做一次；十、未滿二十歲的青少年同性戀者，不要涉足同性戀者的社交圈。[3]

3 見〈待他如待常人一樣〉，蔡宗英，《聯合報》，一九八六年三月八日。

就今日角度來看，祁家威的呼籲或許略嫌保守，不過在八〇年代膽敢公開出櫃，直接挑戰權威要求結婚，算得上是石破天驚了。那時尤美女對此毫不知情，她的性別意識才剛萌芽，對同志議題全然陌生，更稱不上關心，更主要的原因是，她隨外派德國的先生黃瑞明人在海外，對臺灣發生的事毫無所悉。

她的律師生涯正在起步，又是個新手媽媽，為什麼決定放下一切遠赴異地？

「結婚的時候，我先生送我一句話『攜手往前看』，不是『互看』，『互看』只會看到兩人的小世界，『攜手往前看』會看到無限寬廣的世界。我身邊很多朋友的先生為了省錢，把太太留在臺灣，一個人出國進修，可是回來以後，整個人見識不同了，思想差距愈來愈遠，變得跟太太無法溝通，甚至形同陌路。我覺得夫妻不能同體，也一定要同步，雖然我跟我先生是各自獨立的個體，但是要一起進步，所以雖然女兒才四個月大，我還是堅持要一起出去。」

當然，家族中不是沒有反對意見，覺得做母親的怎麼把女兒留在臺灣？好好的律師不做，何必跑到國外讀書？但她心意已決，並得到先生支持，總算化解家人疑慮，兩人安心前往德國進修。

她在法蘭克福大學念博士班，課業很重，生活忙碌而緊湊。不過她最大的挑戰不是學業，而是文化與思想的衝擊。

德國人守法是有名的，若非親身經歷，很難體會箇中三昧。

有一次她與先生外出散步，德國馬路又寬又直又長，要走到紅綠燈還有一段距離，他們左看右看沒有車子，就直接橫越馬路，踩在寬闊的分隔島碧綠如茵的草皮上。這時陽光和煦、鳥語啁啾，他們手牽著手，正享受著異國美景時，突然有人從後方衝過來，他們心想在德國並沒有熟識的朋友，那人應該不是衝著他們而來，沒想到說時遲，那時快，那名日耳曼彪形大漢已經來到他們面前，指著他們破口大罵，說他們違法橫越馬路，又踐踏草地，甚至丟下一句「又是外籍移工」，[4]他們只好裝

4 尤美女補充說明：「第二次世界大戰後，德國戰敗，幾乎被夷為平地，大部分男人又都戰死沙場，大量缺工，為了重建，乃大量引進外籍移工，主要為土耳其和越南移工。因歐洲重視人權，所以外籍移工是可以舉家遷徙過來，且幾年後可以取得德國國籍。因此在馬路上經常可以看到外籍移工。我們兩人隨便穿，又是東方臉孔，一定被認為是越南移工。」

作一副聽不懂德語的表情，火速離開現場。

「當時臺灣也有法律禁止橫越馬路，但法律只是僅供參考，沒有人守法，也不會有人管你。這件事帶給我很大的震撼，也第一次見識到德國人有多麼守法。」尤美女說。

尤美女也記得在某個下雪的冬夜，天氣冷得不得了，她先生上班之前會把車子開出去，先發動引擎，再回屋裡收拾東西準備出門。有天他們出門的時候，覺得氣氛好像不太對，空氣中凝聚著「山雨欲來風滿樓」的味道，待他們抬頭一看，才發現巷子裡每間公寓都有人探出窗外，盯著看到底是誰在違法排放廢氣，雖然他們不發一語，但那種集體制裁的力量，仍讓人心生畏懼。

還有一次，尤美女與先生開車回家準備在路邊停車，因為停車格很小，路面又滑，停了幾次都停不進去。這時突然一輛轎車呼嘯而來，為了閃開正在停車的他們，不意撞到前面停在路邊的車，兩個彪形大漢從轎車走下來，用力敲車窗想找他們理論，他們嚇得不敢開窗。他們正不知如何是好時，路邊酒館的主人探出頭來，用手比劃著建議他們趕快打電話。那時沒有手機，路邊又沒有公共電話，他們想也不想，便火速跑進酒館打電話報警，警察來了之後立刻做酒測、做筆錄。

「過了幾天，我先生接到德國法院的開庭通知，那時我們兩個已經是律師，我先生在德國最大的律師事務所實習，我也在德國大學攻讀法學博士學位，可是人在異國，接到開庭通知還是不免忐忑，擔心肇事駕駛的友人會做偽證。沒想到那個朋友把手放在聖經上宣示後，竟直接坦承是他朋友酒後肇事，不是我們的錯，天底下有這麼誠實的證人，竟然做出不利朋友的證詞，這種情況絕對不可能在臺灣發生！這也讓我深深體會到，什麼叫作百年法治國家！」尤美女由衷說道。

那陣子德國婦女團體提出墮胎除罪化的主張，引起全國熱議。一天尤美女打開電視，看到德國總統蹲下來（國家領袖竟然會蹲下來！）跟小學生討論墮胎問題，在場的小學生亦能對答如流，侃侃而談，讓她簡直不敢置信。

「當時臺灣的媽媽還在告訴孩子，你是從石頭裡蹦出來的，小孩連子宮是什麼都不知道，德國小孩就知道什麼是子宮自主權，什麼是生命權，還能夠跟人家討論，真的是天差地別。德國的法律是經過公開辯論，形成社會共識後才會通過，一旦通過就會嚴格執法，相較之下，當時臺灣是行政院立法，送到立法院，立法院只是橡皮圖章，僅能就文字修改，不能改內容，而且在法案三讀通過前都列為機密，即使專家學者也查不到，就算法案通過、公告了以後，記者也看不懂，照抄新聞稿，反正沒有人關心，也沒人理會，但是法律又規定，任何人不得以不懂法律為由，觸法而不接受處罰。可是為什麼你觸法我也觸法，你沒被抓我卻被抓？因為你有關係我沒關係，你有關係就沒關係，所以大家都要找關係，關係就是民意代表……」說到這裡，尤美女難得略為激動，「我們都知道德國是法治國家，卻未必知道他們法治是怎麼建立起來的，前提是人民必須懂法，也願意守法，而且立法過程必須公開透明……民主就應該是這樣透過人民參與，一點一點慢慢建立起來。」

法律的規定是死的，固定的，人性才是決定許多制度的根基。德國生活的點點滴滴，讓尤美女對德國文化有更多的認識，產生相當程度的認同，也讓她重新思考「法」的意義，對法律本質有更深刻的體會。她開始思索返臺之後除了當律師之外，還可以透過法律專業做點什麼。

就在她返臺的一九八七年，發生了「國父紀念館事件」。國父紀念館規定，女性員工懷孕或年滿三十歲就必須自動離職，員工不滿抗議，國父紀念館將契約改成一年一聘，但沒有明說的是，今年聘雇可以留下來，明年可就未必了。這樣的單身條款、禁孕條款、及年齡歧視在當年並不罕見，但這次卻是首次有女性員工集體出面抗議。那時已改組為基金會的婦女新知決定聲援抗議員工，要求國父紀念館廢止不合理規定，可是要根據什麼法、第幾條去提告？翻遍六法全書，找不到適用條文。

眼前的路走不通，只好自創新局。婦女新知成立「男女工作平等法起草委員會」，由尤美女擔任召集人，號召涂秀蕊、陳美玲、劉志鵬、潘正芬等律師共同訂定《男女工作平等法》草案，就這樣「誤打誤撞」走上了立法之路。尤美女說：

「那時有所謂的權利和福利之爭，所有的立委都說，只要訂一個《婦女福利法》就好了，但我們認為權利是政府非做不可，不做我就可以去告你，而福利則是政府的恩澤，可做可不做，人民無置喙的權利，我們堅持這是權利不是福利，絕對不要《婦女福利法》。」

一九九〇年，婦女新知結合其他婦女團體、學者及專家提出《男女工作平等法》草案，提交立法院審議，經過國民黨、民進黨三十九位立委共同連署正式送進立法院。這是第一次民間主動立法，召開公聽會，讓立法議題在媒體辯論的先例，也打破當時兩黨委員互不連署的慣例。

這部法案的主張很基本，也很簡單：第一，禁止一切性別的歧視；第二，防止工作職場的性騷擾；第三，促進工作的平衡措施，包含生理假、產假、陪產假，小孩生出來之後要有育嬰假，孩子如果生病的話要給家庭照顧假。沒想到草案一推出引發企業主強烈反彈，將它列為「企業出走的十大惡法之一」，行政院亦遲遲不提相對版本，等於遭受雙重打壓。一九九五年，婦女新知聯合婦運及工運團體舉辦「催生男女工作平等法送案到立院」活動，由立委葉菊蘭將法案再度送交立院審議，五一勞動節擴大發起「街頭萬人連署行動」等一連串造勢，遲至二〇〇一年才三讀通過，成為民間團體立法的濫觴。（二〇〇八年更名為《性別工作平等法》。）

「推出法案的時候，我肚子裡懷著老二，等到通過的時候，孩子已經上國中了，你就知道這一條路有多漫長！」尤美女感慨說道。

這段從無到有的立法過程，尤美女學到很多如何跟立院打交道的眉角，不過接下來推動《民法親屬編》修法的經驗，挑戰的是更多顛覆傳統男尊女卑的價值，需要突破的門檻更高，花費的力氣更超乎預期。

《民法親屬編》最早在一九三一年公布，內容不乏父權獨大的意識形態，就算政府從一九七五年起花了十年修改，仍存在諸多不利女性的法條，例如：「妻以夫之住所為住所」、「父母對未成年子女重大事項權利之行使，意思不一致時，由父行使」、「婚姻關係存續中，夫妻聯合財產均歸夫所有」。婦女新知等團體認為違反《憲法》男女平等原則，決定展開修法的龐大工程。

一九九五年，婦女新知及晚晴協會聯手推出新晴版《民法親屬編修正草案》，有鑑於過去《男女工作平等法》草案被冰凍在立法院多年的慘痛經驗，他們展開新的運動策略，包括設立諮詢熱線、培訓志工，成立「婆婆媽媽戲劇團」下鄉，組織律師團講演及發起萬人連署，在外面動員引起社會討論，再把法案送進立法院。經過多年研擬、提案、遊說、倡議，以及協助個案聲請大法官會議解釋，加速了《民法親屬編》條文的全面翻修，包括子女不再「原則從父姓」改由父母雙方書面約定，以及廢除以家父長制為基礎的聯合財產制等。

這些修法的過程，尤美女都站在第一線，她從中學習如何召開公聽會，如何將法案送入立法院，如何找立委連署，如何遊說立委排入程序委員會，如何在委員會中監督立委發言，甚至到立法院研究室一間間敲門拜訪……這些細碎繁瑣的工作，都成為日後推動婚姻平權法案的重要經驗。尤美女說：「我不太管理論，那是學者專家的事，我比較喜歡務實地從生活面、實踐面去解決問題。」

在推動《民法親屬編》的修法過程中，「同志工作坊」、「我們之間」（《女朋友》雙月刊的發行單位）、「愛報」等團體組成「同性戀人權促進小組」，對新晴版《民法親屬編修正草案》修正條文第一〇五二條中增列「與同性姦淫或猥褻之行為」為訴請判決離婚的條件之一感到不滿，認為是視異性戀家庭為合法家庭形式，剝奪同性戀結婚的權利。該小組認為，同性戀家庭需要制度性保障，包括合法的伴侶與子女規定，擁有法定財產繼承權與保險受益權等，期待各界共同討論同性婚姻的可行性。

魚玄阿璣在〈結婚權與不結婚權〉一文中，對新晴版《民法親屬編修正草案》提出犀利評論：

> 在臺灣這樣一個性別政治保守的地方，即使較為基進的婦運團體也不曾試圖動搖既有的家庭結構，而僅止於透過立法追求異性戀分類體系之下的「兩性平等」……國內最進步的婦運團體在婚姻的部分卻只站在維護異性戀女人的立場，向異性戀體制招撫、撒嬌，而視同性戀人權於不顧！當然，這樣的措辭或許過於嚴厲，失之不公，畢竟這兩個婦女團體不是同性戀團體，同性戀者無權要求她們為之代言……問題是在這個修正案裡面，婚姻的定義仍限於一男一

女，它所要保障的是異性戀者的利益，而同性戀的地位則從過去的「化外之民」「隱形人」「晉身」為一個看得見的懲罰對象，是幸？還是不幸？[5]

「同性戀人權促進小組」與魚玄阿璣提出的疑問，點出婦運或許是力有未逮，未將同志議題排入運動議程的現實，只是這個小組在記者會之後，便消聲匿跡了。

3 百花齊放

時序進入九〇年代，同志議題逐漸浮上檯面：一九九〇年「我們之間」誕生，是臺灣第一個女同志社團。一九九三年李安《囍宴》上映，是臺灣電影首見同志結婚的故事。一九九六年同光教會成立，是臺灣第一個認同性少數的教會；同年許佑生與男友葛瑞公開舉行婚禮，成為亞洲第一場男同志公開婚禮。一九九八年同志團體「台灣同志諮詢熱線協會」（簡稱同志熱線）成立，多個同志團體組成「一九九八選舉同志人權聯盟」，要求市長候選人尊重並保障同志人權。一九九九年晶晶書庫成立，是臺灣第一家同志專業書店。與此同時，與同志相關主題的文學與論述作品、同志廣播節目與BBS上的同志討論區亦大量出現……

乍看之下，公眾對同志的認知是進步了，然而反挫的力量依舊如影隨行。

自一九八四年通報第一例愛滋病毒感染者以來，「愛滋＝同性戀」的說法便揮之不去，讓同志身分充滿了汙名。一九九一年，衛生署印製超過三百萬份宣傳品，稱「一旦得病，除了不幸被迫感染者外，如為自作孽者，將會是失去尊嚴，活得痛苦，死得難堪又難看」。一九九五年，NBA職籃球星、HIV感染者魔術強生訪臺宣導愛滋防治，衛生署長張博雅公開表示「沒必要讓這種行為不檢的人來臺宣導愛滋」。一九九七年臺北市爆發「常德街事件」，荷槍實彈的員警濫權對四、五十名同志臨檢，強押他們去警局登記。一九九八年，警方以臨檢為名，直闖臺北市重慶

5〈結婚權與不結婚權〉，魚玄阿璣，《女朋友》第三期，頁九至十，一九九五年二月。

南路AG健身房，強迫同志拍攝不雅照片；[6]同年，祁家威再次至臺北地院要求與男友公證結婚，仍然遭拒。

九〇年代婦女運動尚未將同志視為重點議題，但仍有所關注。一九九二年，婦女新知舉辦「愛到最高點，心中有女人：我愛女人園遊會」時，邀請女同志團體「我們之間」共同擺攤。媒體數度對同志獵奇追殺，「臺視新聞世界報導」惡意剪接畫面，影射歌手潘美辰為女同志，記者璩美鳳潛入女同志酒吧偷拍，侵害女同志隱私權，「我們之間」發聲明譴責，婦女新知的李元貞亦批判媒體惡意侵害女同志人權，說：「就婦女運動的歷史發展來看，女人先是跟男人爭取做人的基本權利，接著就是女性意識導致各種不同的女性主義出現，唯有當臺灣的女同性戀者或團體得到應有的人權及尊重後，才能說臺灣的婦運有其深度了。」[7]

那時尤美女沒什麼機會接觸同志，即使接觸也保持某種距離，那是種幽微的互動與感受。她說：

「我的工作主要是在修法，其他議題比較少涉獵，婦運界也不是每個人都認同同志，新知裡面有比較保守的，也有比較開明的，光譜很多元，大家是在最大公約數裡做運動。新知的夥伴是理念的結合，從來不會問別人私事、婚姻狀況或性傾向，不過時間久了，還是慢慢會知道誰是同志，只是大家都假裝不知道。」

一九九四年，祁家威控告三名愛滋感染者「蓄意」與人發生性關係，也讓尤美女大感震驚，擔心這樣的指控會強化外界對同性戀及愛滋病的歧視，也會對愛滋病防治造成負面影響。同時她注意到，社會輿論及新聞媒體完全沒考慮到感染者身分曝光，對當事人及家人隱私造成的傷害，就算愛滋防治條例有規範醫護人員必須保障感染者的隱私，並沒有規範其他的人，例如像祁家威這樣自稱是愛滋防治義工的人。還有學者專家公開宣稱「愛滋病患應受法律制裁」、「構成處罰要件過嚴，有法

---

6 二〇〇二年二月，三名被告初審獲判無罪，檢察官提起上訴，六月高院駁回上訴，全案確定，三名被告維持原判無罪。

7〈人權的最後堡壘——請平等尊重女同性戀者〉，李元貞，《婦女新知》第一二〇期，頁二，一九九二年五月。

如無法」……

即使是感染者，也應享有法律保障的個人尊嚴與權利，而不是把他們視為罪犯！這讓尤美女深切體認到，原來同志（感染者）與女人一樣處在惡意的環境，除非法令及制度有所改變，否則像女人與同志這樣的弱勢者，永遠必須與充滿歧視的環境與不平等文化抗衡。一九九七年，婦女新知、紅絲帶工作小組及希望工作坊組成「愛滋感染者權益促進委員會」（後更名為「愛滋感染者權益促進會」），陸續推動愛滋防治條例相關修法，尤美女自是積極參與，為感染者爭取權益。

在社會普遍對愛滋不瞭解而聞之色變的年代，同志承擔了社會對疾病的恐懼，感染者必須面對歧視的壓力，還有死亡的威脅，尤美女雖感到遺憾，卻無暇投入，她說：「這就跟婦女問題一樣，法律就是明目張膽地歧視女人，如果沒有遇到狀況、或是接觸過法律的女人，不會覺得法律不公平，也不認為有修法的必要。同志的問題也是這樣，每個人都是遇到狀況，才會意識到問題的存在，沒有遇到，再怎麼宣導都沒用，因為事不關己，如果沒有那個迫切感，是不會有能量或力量把它放進你的關注範圍。」

那段日子，幾乎每個與婦女法律議題相關的重要轉折，尤美女都在那裡。她從來沒想過，昔日走過的每一條彎曲小徑，全都引領她走向推動婚姻平權之路，成了眾人眼中的「同志教母」。

三、測量水的深度

1 曙光乍現

一九九五年「同性戀人權促進小組」乍現之後，並沒有後續行動，加上同志社群關心的主要是認同、交友、伴侶等議題，尚未發展到制度性改革，小組挑起的同婚議題，並沒有引起太多討論。

進入千禧年之後，情況開始有了變化。

二月，正副總統候選人許信良、朱惠良發表同志權益政見，[1]並在新公園（今二二八紀念公園）舉辦女同志婚禮。

九月，祁家威具狀聲請同性婚姻釋憲，成為第一起同婚釋憲案（二〇〇一年，司法院以「係以其個人見解對現行婚姻制度有所指摘」不受理）。

十月，同光同志長老教會舉行華人教會第一次「同志伴侶祝福儀式」。

十二月，總統府首次舉辦人權婚禮，因限「一男一女」引發人權及同志團體不滿。

為什麼總統府會有人權婚禮的構想？這要從二〇〇〇年的總統大選談起。臺灣經歷首次政黨輪替，民進黨總統當選人陳水扁明確宣示「人權立國」的理念，作為新政府施政的目標，除了籌設獨立運作的「國家人權委員會」，並在總統府成立人權諮詢小組，[2]由副總統呂秀蓮出任召集人，代表婦運團體的尤美女也是小組成員之一。

人權小組成員作家柏楊建議，每年十二月十日國際人權日在總統府舉辦「人權婚禮」，由總統親自證婚，為臺灣人權推展播下種子。然而結婚證書上「認為一夫一妻制，是社會安定的磐石，是孩子們成長最安全的溫床」的文字，引起人權、婦運及同志團體不滿。婦女新知、我們之間、台權會、同志熱線、女學會等舉辦「人權婚禮先修班——誰的婚姻？誰的人權？」記者會，指出「結婚權並不是同志比異性戀額外多要的權利，而是基本的公民權……應該得到社會、家庭、職場、友人的公開認同與祝福，而非質疑、打壓或漠視」。

新政府或是有感於保障人權既是世界潮流，也是國家民主化指標，更是國際社會關注議題，二〇〇一年三月，法務部擬定《人權保障基本法》草案，該草案第二十四條第一項：「國家應尊重同性戀者之權益」，第二項：「第一項同性男女得依法組成家庭及收養子女」，並說明除了依照《憲法》第七條平等權外，「同性戀觀念已漸為世界各國承認，為維護同性戀者人權，爰於第一項規定國家應尊重同性戀者之權益，並於第二項規定，同性男女得依法組成家庭，並收養子女。」[3]但有論者認為，

1〈性的參政之路〉，卡維波，《花花公子》第四十五期，二〇〇〇年三月。

2 二〇〇四年擴編改制為總統府人權諮詢委員會。

3 見法務部官網新聞稿，二〇〇一年三月十五日。

草案「對於同志真實處境欠缺基本認識，僅以傳統的家庭關係想像同性戀者需求，完全跳開幾乎所有同性戀者最基本如保障求學、就業的社會權益，抽象的尊重二字，也不足以抵擋整體社會——包括家庭、朋友、同儕乃至軍隊、司法的歧視。」[4]後因部分內閣成員反對，草案一直沒有進入立法程序。

總統府人權小組仍持續匯整各界意見，經過三年研議，在二〇〇三年通過《人權基本法》草案，其中關於同志權益的條文，如第一章〈總則〉第三條人權平等原則：「人人應享有之自由及權利，不因出生、性別、性傾向、族群、膚色、基因特徵、容貌、語言、宗教、政治、財富、職業或其他身分，而有所歧視。」明白點出對「性傾向」的保障；另外在第二章〈公民與政治權利〉第二十六條結婚權與組織家庭權：「人民有依其自由意志結婚與組織家庭之權利。同性男女所組織之家庭得依法收養子女。」清楚使用「結婚」這個字眼，似乎較諸二〇〇一年法務部版本的「組成家庭」更為「先進」。

《人權基本法》是國家人權最高原則，實際上僅具宣示性意義，無法改變《民法》

《刑法》等與民眾切身相關的法律條文，內政部及法務部又表示人權小組「陳義過高」，明確表達反對。另外，草案中關於廢除死刑、同性婚姻等主張，或許對當時臺灣社會來說過於「激進」，草案一直停留在行政部門，沒有送進立法院，最後便不了了之了。

當年社會對同志及同婚的態度是什麼？從兩件事即可一窺端倪。

二〇〇三年，副總統呂秀蓮參加「愛滋病防治成果博覽會」時表示：「有人說，愛滋病之所以蔓延，是老天爺看不下去了，覺得不來一個天譴，人之異於禽獸幾稀。」引起各界譁然。同年，民進黨立委侯水盛稱「同志下不了蛋，產不了子，同志結婚將導致臺灣亡國」，同志團體赴立法院及民進黨中央黨部抗議，侯水盛先是說「我有什麼好道歉的，我又沒有汙辱他們，又沒有罵他們」。[5]最後不敵輿論及立院黨團壓力，才不得不道歉。

---

4 見〈臺灣《人權保障基本法》草案出爐〉，同志新聞通訊社，二〇〇三年七月二十五日。

5 〈侯水盛：同志結婚亡國　引發抗議〉，TVBS新聞網，二〇〇三年十二月十九日。

社會輿論對同婚有所保留，同志社群也有不同意見，有人認為同志運動沒有統一口徑主張同婚感到可惜，也有人擔心同婚議題會吸掉太多同運能量。作家鄭美里分析這兩種路線的差異：

主張爭取同婚權者……主要立基在「相同性」，認為同志跟異性戀一樣，有權利享有完整的人權，並且婚姻涉及具體權益事項的保障，最重要的是，同志擁有結婚權等於迫使社會接受同志的存在；不認為此議題迫切者強調「差異性」，認為婚姻制度是為異性戀量身打造的，並不適合同志……進入婚姻體制將被主流所收編，並質疑爭取結婚的同志是否為了漂白同性戀汙名……上述兩種路線還沒有很明確的對話和辯論。[6]

二〇〇四年，內政部社會福利綱領提出「支持多元家庭：各項公共政策之推動應尊重因不同性傾向、種族、婚姻關係、家庭規模、家庭結構所構成的家庭型態及價值觀念差異，政府除應支持家庭發揮生教養衛功能外，並應積極協助弱勢家庭，維護其家庭生活品質」，可見相關部門已注意到家庭型態的多樣性，必須有所因應。不過這份具有進步意味的政策綱領就跟《人權基本法》一樣，僅有宣示性的意義，並未落實到社福體系。

直到二〇〇六年，婚姻平權之路才露出一線曙光。

受到二〇〇五年底英國實施《同志伴侶關係法》（*Civil Partnership Act*）的激勵，二〇〇六年三月，立委蕭美琴主動挑起同婚議題，舉辦「同志婚姻是否合法化」公聽會。蕭美琴認為，同志不是次等公民，法律不該剝奪他們本來享有的權利，用歧視、有色的眼光看待他們，更何況賦予同志婚姻權利，並不會剝奪異性戀者任何權益。至於該如何讓同志婚姻權利法制化，參與公聽會的學者與民間團體，包括台權會、婦女新知、性別人權協會、同志熱線等皆同意，不論是訂定《同志伴侶法》，

6〈運動是談談打打出來的〉，鄭美里，《女朋友》第三十四期，頁二二，二〇〇一。

或是修改《民法親屬編》對婚姻的定義，都是肯定同志人權的做法。值得注意的是，在場司法院少年及家事廳、內政部戶政司、法務部及教育部性別平等教育委員會官員均表示，政府沒有預設任何立場，至於是否要以立法規範或保障同志人權，他們樂觀其成。

十月，由蕭美琴立委辦公室草擬，蕭美琴、余政道、林淑芬、鄭運鵬等四人提案的《同性婚姻法》草案，獲得跨黨派三十八位立委連署，跨過成案門檻進入程序委員會，這是第一次在立法院有同性婚姻相關提案。草案說明文指出，《民法》對「婚姻」的定義是建構在男女異性的結合始生效力，明確規定不允許「同性」結婚，也就是說同性戀結婚是被禁止的，這不是性別歧視，而是「性傾向」歧視。為真正落實《憲法》中「中華民國無分男女、宗教、種族、階級、黨派，在法律上一律平等」、「凡人民之其他自由及權利，不妨害社會秩序公共利益者，均受《憲法》保障」，賦予同性男女因婚姻所成立的相關權利、義務，尊重人民有依其自由意志結婚、組織家庭及收養子女等民法上所規定之一切權利及相關義務，擬訂《同性婚姻法》，因為「同性戀者應該和我們所有人一樣，享有同樣的公民權，而『公民』不應有等級」。

「同性戀者應該和我們所有人一樣，享有同樣的公民權」，這段說明看似簡單的道理，在進入院會之後卻湧現反對聲浪。十月二十日立法院院會進行一讀，國民黨立委賴士葆及民進黨立委王世勛提案阻擋法案繼續審查，得到二十三名立委連署反對（其中陳銀河委員同時加入贊成連署與反對連署），將案子退回程序委員會。至於為何反對？他們則未提出理由。

不只立法院內有人反對，立法院外亦有抗議聲浪。韓國趙鏞基牧師舉辦「請為臺灣不通過同性戀婚姻合法化禱告」特會，邀請基督徒：「迫切禱告求神阻止這一個敗壞社會，引臺灣進入毀滅的法案，也請禱告求神親自動工管教，使蕭美琴立委主動撤簽。」

出身教會世家的蕭美琴公開提案力挺同婚，辦公室有接不完的抗議電話，有人說要幫她驅魔，也有人透過教會勸她撤簽。同志熱線發表聲明，直指反對勢力就是基督教會：

據瞭解，基督教派部分保守的宗教團體有特別針對《同性婚姻法》進行杯葛的立法遊說。如果提案反對的委員你們是因為自己的宗教背景，你為什麼不敢講清楚？如果不是因為宗教的因素，那麼是不是更應該講清楚，基於什麼樣的理由要阻卻同志身為公民的基本權利？以美國為例，保守黨為了選票，在這幾年大力倡導所謂美國核心價值，反對同志婚姻，反對反歧視法立法，他們不諱言地表示這就是基督宗教極右派人士的遊說，以及他們身為基督徒應負起的道德使命。那麼在臺灣的委員們，你們的理由又是什麼？……反對（的）立法委員為什麼不敢面對自己的性道德情感提出說法？這種害怕社會輿論批評（被指責為不進步，沒有人權觀念），只敢在私底下暗著反對的偽善態度實在令人不恥！

另外，聲明也點出國、民兩黨對同婚議題的曖昧態度：

馬英九主席，在你身為臺北市長的時候，你說如果中央通過相關法案，你願意替同志伴侶祝福。現在你身為最大反對黨的黨主席，國民黨其實是可以主動推動法案立法的，馬主席你願不願意推動同志伴侶權的相關立法？還是你要繼續迴避重大政策的表態，繼續當你的不沾鍋？相同的，身為執政黨的民進黨《人權基本法》始終未踏出行政院大門，現在有許多民進黨的委員針對同志婚姻提案，民進黨黨中央是不是願意表態支持？臺灣各政黨在同志議題上長久以來一直規避應有的政治責任。面對同志議題始終維持一個曖昧的態度，不願正面表態。一方面藉著黨內對同志友善的政治人物，創造黨對同志友善的形象；另一方面卻又放任部分政治人物發表傷害同志的言論及行動，以同時獲得同志與反同勢力的選票。但是隨著《同性婚姻法》及同志伴侶權的立法討論，同志人權的議題勢必會進入白熱化激烈化的狀態，臺灣的主要政黨及政治人物你們到底還可以躲多久？請各政黨在同志人權政策上把立場說清楚，因為，同志公民不是讓你們暗著來的政治偷情對象！不附理由的反對案，就是扼殺理性對話的空間！

到了十月底，草案再度回到程序委員會闖關，整個連署提案程序重新來過。國民黨立委張慶忠以「我們目前國家少子化、人口負成長，所以我們積極獎勵人口成長……《同性婚姻法》草案，對人口政策是沒有幫助的，所以本席提議暫時列案。」最後委員會決定不將其排入議事程序，草案未經討論便胎死腹中。

蕭美琴提出同婚立法的主張時，尤美女並未直接參與，但樂見其成。爾後是什麼樣的機緣，才讓她義無反顧地投入婚姻平權運動？

多年來，尤美女與婦運夥伴在推動修法過程中，發現一個無法突破的難題，那就是「婚姻」是許多法律規範的核心，無論是《民法親屬編》、《民法繼承編》或其他相關法律，「一夫一妻」始終是重點。隨著單親、離婚、隔代及同居家庭的增加，過去以異性戀婚姻為主的制度，明顯排擠了某些人的權益，例如同志、同居者或互相扶持的單身者，未必想被嚴格定義的「同居義務」給綁住，彼此甚至沒有性愛關係，如果想保有互相照顧扶持，彼此享有財產流通、分配、繼承或保險等福利，在既有《民法》框架中不可能實現。這不只是同志所面臨的問題，也與非傳統異性戀婚姻定義下的同居者息息相關。

如何透過制度的改變，對非傳統定義下的伴侶關係提供保障？同性婚姻是可行的嗎？或者可選擇非婚姻的伴侶關係？

二〇〇六年，婦女新知成立「多元家庭小組」研議《同居伴侶法》，企圖透過法律重新定義親密關係，並於同年八月舉辦「破解傳統家庭差別待遇——多元家庭的修法觀點」座談會，徵詢各方意見。同志熱線代表巫緒樑說：

> 去年熱線和幾個性別團體一起正式討論是否要修正《民法親屬編》，將「夫妻」統統拿掉，換成「伴侶」。可是我們馬上發現，我們所面對的是一個非常巨大而枝節旁生的法律。如果要逐條修訂不但修法困難，並且恐怕曠日費時。而且臺灣雖然沒有像歐美西方世界那樣的宗教壓力，卻也有來自傳統家庭的道德壓

力，要一舉劃掉「夫妻」二字，可能也會面臨到強大保守勢力的反彈。因此，臺灣如果通過一部《同居伴侶法》，似乎是比較務實並且可行的方式……如果從運動的角度來看，讓同志婚姻合法化，撼動傳統的「婚姻」固然是非常重要的一件事，但是，《同居伴侶法》或者共同生活法則更有可能讓更多的人（不論她／他是何種性傾向）認可。並且，選擇不進入婚姻的生活形態，才是徹底地翻轉傳統婚姻，更是多元家庭的具體實踐。[7]

到底是該要求國家承認同婚的合法性？或是在既有《民法》基礎上，增加共同生活的契約條文？還是另立新法，如《同居伴侶法》？這次座談並沒有結論。

二〇〇八年，婦女新知舉辦「親密想像，多元未來——同居伴侶修法方向」溝通平臺會議，繼續討論多元家庭的涵蓋範圍及推動議題的合作模式。與會人士認為，《同居伴侶法》開創了婚姻之外的另一種選擇，也越過傳統假定的家庭義務，或許是現行法律對同志伴侶需求視而不見的狀況下最快速的救濟之路。至於未來是要主推同婚法？還是伴侶法？則未有明確結論。

從九〇年代走到千禧年前十年，同婚之路從零星的個人訴求（如祁家威的挑戰體制，許佑生的公開婚禮），發展至立法院首次出現《同性婚姻法》，到婦女新知成立多元家庭小組（日後該小組部分成員自立門戶，成立推動同婚重要旗手的「臺灣伴侶權益推動聯盟」，簡稱「伴侶盟」），同志運動從去汙名化的身分認同漸漸擴及具體權益，進入攸關工作、婚姻等議題的法律動員，已是指日可待。

2 新科立委

承襲千年的傳統家庭，與猝然臨頭的同志婚姻，拔河般拉扯，衝突太巨大，大部分的人只能視而不見，或避而不談。正如蕭美琴質詢行政院長陳沖是否支持同婚

7〈婚姻還是共同生活？〉，巫緒樑，《婦女新知》第二八〇期，頁二五，二〇〇六年九月、十月號。

時，他表示對這事沒有研究，但尊重他們的聲音，還說「這是哲學問題，不是一般法律、社會問題」，[8]這樣的說法，至今讓人記憶猶新。

然而每年同志遊行的人數愈來愈多，與教育、工作權益相關的性別平等法律開始有所進展，同志漸漸認為同運應該要反映在司法的進步性上，企圖透過個案衝撞體制。繼祁家威之後，又有同志伴侶決定以身試法，挑戰既有法規。

陳敬學和阿瑋是一對公開同志伴侶，他們在二〇〇五年訂婚，隔年舉行結婚儀式，是全臺第二對公開結婚的男男同志。他們過著與一般夫妻並無兩樣的生活，卻是不被法律承認的「違章家庭」。

二〇一一年，他們向臺北市中山區戶政事務所辦理結婚登記，承辦人員以「一男一女才可以結婚」為由拒絕。陳敬學以為，婚姻是公民基本權利，應受到《憲法》保障，且《民法親屬編》也沒有規定同性不能結婚，決定提起行政訴訟，沒想到這成了尤美女當上立委之後推動同婚的開端。

從事律師工作多年，為什麼決心轉換跑道，進入國會？這來自尤美女對婦運發展的思考。

參與婦運多年，尤美女逐漸體會到，不論是倡議性別意識的覺醒，推動相關法律的修改，乃至於促成與國際思潮的接軌，夥伴們不斷在街頭抗議吶喊，既有體制卻紋風不動。他們得出一個結論：若要落實想法與政策，唯有推派自己的代表進入體制，才有可能裡應外合，翻轉政府內部制度與文化，於是陸續推薦、並促成婦團代表進入公部門。

尤美女深切瞭解婦女參政的重要，但在民進黨首度徵詢她擔任不分區立委的意願時，她卻拒絕了，她以為立委必須隨時保持在戰鬥狀態，又必須參與眾多社交活動，不符合自己個性。只是處理個案實在是緩不濟急，必須透過政策與法案才能解決，他們長年在體制外打拚，既沒人脈又沒資源，實在令人苦惱。

「以前我們都覺得要保持運動的獨立性，必須跟政黨保持距離，可是現實的狀

8 見伴侶盟臉書，二〇一二年十一月十日。

況是我們想推的法案一直躺在那裡，根本排不進去。後來新知跟婦運界的朋友推薦我去當民進黨不分區，我覺得就價值來說跟民進黨比較接近，好像也是時候，就答應了。」尤美女說，「扶輪社的朋友聽說我要去當立委，用手指比出『阿達』的手勢問我，你有沒有這樣？我說，大概有一點吧！」

二〇一二年，尤美女以「政治素人」之姿進入立法院，心裡難免忐忑。推派她的婦運團體理想很高，對她的期待也很深，若是黨團對她的要求與婦運團體的立場有所衝突，該怎麼辦？她不想被當成政黨的橡皮圖章。蘇嘉全（時為民進黨選舉對策委員會主委）告訴她：「你是黨提名的，當然要聽黨的，既然你是民間出身，就必須先說服民進黨要傾聽民間的聲音，如果你連自己的黨都說服不了，又怎麼能說服反對黨？」尤美女聽了覺得很有道理，心也安下來了。

尤美女對同志議題不算特別熟稔，但基於對性別議題的敏感度，當然很注意陳敬學的事。至於要不要直接推同婚相關法案？她的態度則是保留的。

「我在進立法院之前並沒有想過要不要推動同婚，但是隱約覺得這是人權問題，如果有機會，當然會推。那時社會對同婚的接受度還不高，同志內部也有不同想法，加上民進黨又不是執政黨，要推沒有那麼容易……至少我嗅不出來有任何推動的空間，覺得還不是時候。」

尤美女不是一夕之間成為同志權益的捍衛者，那是諸多事件與心情的堆疊與累積。她不斷耳聞有同志被迫離職或慘遭霸凌，員警動用公權力騷擾同志，同志書店晶晶書庫以「販賣猥褻物品」被檢調進行搜索查扣，[9]記者假冒同志到T吧偷拍……同志的人權被侵犯了，卻沒人出面替他們發聲，這讓她感到不平與疑惑。就算她沒有如同志被歧視或迫害的生命經驗，但她以為每個人的人權是平等的，也該受到國家承認並保障，因此當陳敬學提起行政訴訟遭遇困難，主動向她求助時，她立刻爽快答應。

9 晶晶書庫負責人賴正哲向司法院大法官聲請釋憲，認為《刑法》第二三五條侵害人民憲法保障的言論自由。該聲請書主張關於性的表意，也屬於憲法言論自由保障的範圍。大法官將晶晶書庫的案件與其他兩件販賣成人漫畫的案件併案審查，於二〇〇六年十月才作成司法院釋字第六一七號解釋，認為刑法第二三五條並不違憲。

二〇一二年十一月底，臺北高等行政法院進行陳敬學案的言詞辯論庭，法院邀請擔任鑑定人的廖元豪（政大法律系副教授）與張宏誠（臺科大人社院講師），幾乎是一面倒地支持同婚，主要理由包括：一、現行《民法》並沒有明確表示婚姻必須是「兩性」結合，無法從中推論得出同性不能結婚的結論；二、限制同性結婚是對同志人權與平等權的侵害，已然違憲。過了一個月，臺北高等行政法院宣布將續開言詞辯論，並表示可能送請司法院大法官會議解釋。

尤美女想了又想，覺得既然案子可能釋憲，她能做的無非是喚起社會關注，因此當議事人員告知立法院要有相關法案才可安排公聽會，她決定以修法聲援陳敬學。她提出《民法親屬編第九七二、九七三、九八〇條條文修正草案》，最主要的改變是將第九七二條的婚姻當事人「男女」修正為「雙方」，第九八〇條的最低結婚年齡當事人「男女」修正為「成年人」，另外則是將第九七三條訂定婚約的最低年齡改成十七歲，以及第九八〇條的最低年齡改成十八歲。[10]

以她的法律專業與經驗，為什麼修法重點如此「簡單」？

「當初推出這個草案的目的是在聲援，並沒有抱太大期望。我跟助理討論，覺得如果主要只把《民法親屬編》裡面的男女拿掉，當事人就沒有性別限制，這樣既簡單，又不會驚天動地引起太多注意，」尤美女如此解釋，「草案送進去以後，因為修改得太不明顯，國民黨沒有阻擋，很順利就通過了程序委員會，到了院會他們也沒有擋，就直接付委進到司法及法制委員會，算起來也是誤打誤撞！」

原先推出草案只是為了聲援，先試試水溫，沒想到一路過關斬將，順利得不得了。「那次我剛好抽到召委，才有權力排法案進去。我本來有考慮過要不要直接排審查，後來想直接排也太刺激了，還是循序漸進辦公聽會好了。這是立法院正式議程中第一次出現討論同志議題。」尤美女說。

立法院八個委員會，召委具有主持會議、控制會議進行、安排議程、決定邀請誰來備詢並討論什麼主題的權力，向來是兵家必爭之地。尤美女只是在野黨新科立

10 那時伴侶盟發布聲明表示，「這是尤委員自行提出的版本，並非伴侶盟的多元成家民法修正草案版本。」全文見 https://www.coolloud.org.tw/node/71994。

委，為什麼可以當上召委？

「立法院有八個委員會，通常像交通、財政、經濟、衛環這幾個有很多資源，才是重兵所在，大家都搶破了頭，而且兩大黨內規是只給區域立委，讓他們有機會做選民服務，不分區（立委）不能搶，」尤美女解釋給我聽，「法制委員會只有法案，既沒什麼『油水』，又沒有鎂光燈，根本沒有人要去，是最冷門的委員會。民進黨是在野黨，立委人數又不夠，我是抽籤抽到才輪到我當召委。」

原來是這樣！

尤美女以召委身分召開公聽會，邀請當事人陳敬學、同志與性別團體（同志家庭權益促進會、同志熱線、伴侶盟、性別人權協會、同光同志長老教會、婦女新知基金會）及法律、性別等專家表達意見，直接與法務部、司法院等政府單位對話。尤美女設定討論提綱不以她提的草案版本為限，而是設計提問，讓與會人士共同思考，至於是要修正《民法》相關條文？還是另立專法？她沒有預設立場，只希望促成各方交流與對話。法務部次長陳明堂當場回應，同性婚姻法制化涉及《民法》家庭制度的重大變革，不只牽涉到結婚規定，也包含親子關係認定，過去法務部的《人權保障基本法》草案提出同性可以結婚並收養子女，被社會輿論「罵到臭頭」，他們希望能以負責任態度重新研究，取得讓國人可以接受的方式。

過了一陣子，法院尚未做出是否送大法官會議的決定，陳敬學卻決定撤銷告訴，理由是「法律訴訟程序繁雜耗時」、「受到不明人士的恐嚇威脅」。

陳敬學憑一己之力對抗體制，又受到匿名人士人身攻擊，箇中辛酸絕非外人可以想像。不過從他臉書發文指稱「為了避免將來釋憲結果失利成為千古罪人」，顯然是擔心如果案子送到大法官會議釋憲，最後不論是被以程序駁回，或是做出不違憲的解釋，都有可能不利於正在醞釀的婚姻平權立法行動，所以才決定撤告。

訴訟、釋憲與立法，是截然不同的路線與考量，成敗難以預料，難怪陳敬學會有所遲疑。那時積極推動立法行動的伴侶盟發布新聞稿指出：

我們當然支持敬學或任何個人用司法行動反歧視、爭平等。然而，我們也知道司法個案與釋憲行動（「司法路徑」）仍有其制度上的局限性，司法路徑能處理的比較是「婚姻平權」的議題，衡諸伴侶盟多元成家的理想，我們判斷仍必須透過立法路徑，才有機會把我們草案中的伴侶制度與多人家屬制度等部分一併放入社會倡議範疇並透過立法程序來實現。

質言之，伴侶盟認為以現今的情勢看來，立法與司法路徑在多元成家議題上並不是互斥的，而是兩條可以並行的路線，我們因為資源、人力有限，所以目前僅能專注推動立法。採取立法運動路徑，是因為我們認為平權的實現不能依賴任何特定個人、政黨或組織，而必須藉由集體的行動、由下而上做起，我們期盼藉由組織工作以及社會對話，召喚出更多反抗的主體，藉由這樣的「草根立法」運動，才有可能真正改變一般民眾的想法，並真正根除歧視。[11]

陳敬學一撤案，法院不再開庭，也就沒有釋憲與否的問題了。至於尤美女的《民法親屬編第九七二、九七三、九八〇條條文修正草案》，以及日後鄭麗君主提的《婚姻平權草案》，因為反同團體的強烈反彈，掀起前所未有的抗爭浪潮。

3 反同勢力集結

經過陳敬學案這一仗，同婚議題開始強力發酵，同志積極挑戰國家體制，要求在法律上被當作平等的公民來對待，如此一來，勢必迎來反同團體的抗議，尤其二〇一二年伴侶盟提出《多元成家草案》，更是讓反同能量匯聚至前所未有的高峰。

這份草案的內容是什麼？為什麼會讓反同團體如此憤怒？

伴侶盟的《多元成家草案》包括「婚姻平權」、「伴侶制度」、「家屬制度」三個部分《民法》修正案，也是第一部由同志團體起草的《民法》修正案。其中「婚姻平權」打破婚姻必須是「一夫一妻」，讓不分性別的人能夠結婚，進入婚姻的權利

11〈針對陳敬學先生擬撤回同性婚姻登記訴訟案〉，伴侶盟，二〇一三年一月十七日。見 https://tapcpr.org/hot-news/press-release/2013/01/17/0117。

義務關係；「伴侶制度」提供不願走入婚姻的人其他成家選項，讓締結伴侶契約的當事人沒有法定的性忠貞義務，至於權利義務則允許雙方當事人自行協商；「家屬制度」則是廢除強制性家屬關係，讓友伴關係、病友團體、靈修團體等不具親屬關係的人也能選擇成為家屬，同居共財。

伴侶盟提出的多元成家三法內容大致如下：

	婚姻平權	伴侶制度	家屬制度
人數	2人	2人	2人或2人以上
性別	不限性別	不限性別	不限性別
締結資格	直系親屬與部分旁系親屬為禁婚親，不得結婚。（未修正既有法律規定）	直系親屬相互間不得締結，婚姻與伴侶不可並存，僅能擇一。（後來修訂版的文字為：不得與直系血親締結。婚姻與伴侶僅能擇一締結。）	以共同居住為要件（有配偶之人需要與配偶共同登記）

成立基礎	財產制	繼承權
與現行婚姻無異	如未另行約定，採法定財產制。（有剩餘財產分配請求權）	有
不以愛情或性關係為必要基礎，情人朋友鄰居均可締結。以平等協商、照顧互助為基本精神。（後來修訂版的文字為：主要保障對象為生命中重要且關係緊密的他人，雙方可以是情人或朋友，透過伴侶契約協商與約定彼此的權利與義務關係。）	如未另行約定，採分別財產制。（有家務勞動利益返還請求權）	可協商繼承權之有無，及繼承之順位。（後來修訂版的文字為：可協商繼承權的有無。）
以永久共同生活為目的，而同居的互助關係。	如有需要，得自行締約。	無法定繼承權，得依遺囑、遺贈安排。（須個案審查，在兒童最佳利益原則下，不得歧視多元性別收養人）

姻親	有	無	無
性忠貞義務	有通姦罪，可請求民事賠償。	無通姦罪，如有約定可請求民事賠償。	無
共同收養或收養對方子女	有（須個案審查，在兒童最佳利益原則下，不得歧視多元性別收養人）	有（須個案審查，在兒童最佳利益原則下，不得歧視多元性別收養人）	無
解消方式	不得單方解消（依現行法，解消方式為兩願離婚，或具備法定離婚事由，由一方訴請法院裁判離婚）	得單方解消（關係解消後，不影響對子女所負義務，雙方仍須協商監護、探視等安排）	得單方由家分離

為了促成草案通過，伴侶盟發動「多元成家，我支持！」連署，希望透過立法行動，讓不同性別、性傾向、性別認同，乃至於不以性關係為基礎的人，可以依據

自己的需求合法建立家庭。他們舉辦「多元成家，決戰立院，九七凱道，造勢辦桌」活動，在凱達格蘭大道席開一百二十桌，並與民進黨立委鄭麗君合作，準備將三個草案送進立法院。最後為了顧及民眾對伴侶制、家屬制的概念接受程度較低，不利遊說，鄭麗君與伴侶盟決定先擱置伴侶制與家屬制的連署，只提出攸關婚姻平權的《民法親屬編與繼承編部分條文修正草案》(以下稱《婚姻平權草案》)，並得到尤美女、蕭美琴、林淑芬、段宜康、陳其邁等立委連署支持。草案修正重點包括：

一、將《民法》第九七二條「婚約應由男女當事人自行訂定」修改為「婚約應由不分性別、性傾向、性別認同之雙方當事人自行訂定。」

二、將原本婚姻、家庭制度中有關性別二分用語改為性別中立用語，男、女改為當事人，夫、妻改為配偶，父、母改為雙親。

三、將男女訂婚與結婚年齡拉高到一致，滿十七歲可訂婚、滿十八歲可結婚。

四、修正《民法》第一〇七九條所訂之收養規定，要求法院裁定收養時，不應以收養人之性傾向、性別認同、性別氣質作為准駁標準。

或許是尚未察覺議題的敏感性，國民黨立委沒有出手反對，草案在十月提案順利完成一讀，交付委員會。反同人士這才驚覺草案一路過關斬將，即將進入審查階段，萬一真的通過了，臺灣將是亞洲第一個承認多元性別婚姻的國家！

從此，反同團體開始散布流言耳語，聲稱修法之後將會導致雜交、亂倫、多P、戀童、人獸交合法化，讓愛滋病傳染失控，社會倫理蕩然無存。事實上只要花點時間檢視草案條文，便知這些說法全是空穴來風，就連並未成案的伴侶制及家屬制也未提出如此極端的訴求。但謠言仍舊四處流竄，止也止不住，原來很多對同婚議題無感的人擔心婚姻制度將被毀滅，亦開始感到恐慌。尤美女語重心長地表示：

「伴侶盟提的伴侶制及家屬制，還沒有進入連署提案的程序，並沒有成案，民眾可能是還不熟悉這兩個制度，才會誤解這種『以照顧關係為核心』的家庭模式可能導致亂倫、多P合法化等問題。有很多法律專家出面逐條說明部分宗教團體的文宣有錯，可是一直沒有看到他們出面更正澄清。」

為了解除外界疑慮，鄭麗君、尤美女舉行公聽會，邀請挺同與反同代表對話。

伴侶盟在會中澄清，《婚姻平權草案》不是鼓吹性解放，伴侶制與家屬制也還沒有提案，希望大家不要混淆。但是反方代表拒絕接受這種說法，任秀妍律師表示「同性戀是不正常的，立法會讓大家認為同性戀是正常的」，況且「親生的孩子，你才有那個血緣關係去愛他，收養的孩子，你能這樣的去愛他嗎？」[12]家長代表王英華則是憤怒表示，教育部允許學校使用《青春水漾》之類的性解放教材，裡面出現男男性交、人獸交，未來通過同婚法案，將會發生多麼可怕的事？現場哪一位可以負責？[13]

說明一下《青春水漾》的背景。這部由台灣性別平等教育協會自行籌資製作的

---

12 事後護家盟發表新聞稿，稱「任律師所表達在語氣上是質疑同性婚姻者的收養，能保證如有血緣關係一樣的全力愛孩子？不會因為某些因素反而傷害了孩子？她也表示，在現場發言時間有限，無法完整表達其原意的情形下，形成部分媒體誤會，將其質疑說成肯定，報導不完整以致誤解該發言的真義，也感到惋惜。」至於媒體有沒有誤會？請見公聽會當天影音檔 https://www.youtube.com/watch?v=kYD0hpyTeMQ。

13 王英華的完整說法，見 https://www.youtube.com/watch?v=iGmk--eeFmk。

短片，設定以國、高中生為主要對象，透過戲劇手法訴說青春期男女探索慾望、彼此互動的歷程。就在《婚姻平權草案》引發爭議之際，臺北市國小學生家長聯合會召開記者會，痛批《青春水漾》的內容「簡直跟A片沒兩樣」，並指影片提及「做愛不用戴保險套」、「人獸交」等錯誤觀念，呼籲家長應反對將性教育納入課程。

《青春水漾》究竟像不像A片？所有看過的人大概很難得出這樣的結論。至於該片出現保險套的畫面，是在第二十七分五十秒，並沒有「做愛不用戴保險套」的說法，且全片並沒有男男性交或人獸交的鏡頭（附送教師手冊第二十三至二十四頁僅以文字提及，目的是讓教師事先演練可能的回應方式），可見批評者根本沒看過片子，完全是以訛傳訛。[14]

那是爭吵與抗議密集的一段時間。先是「宗教團體愛護家庭大聯盟」（簡稱護家盟）發起連署反對，而後「彰化幸福家庭守護聯盟」成員特地北上，要求立法院不可通過「毀婚壞家制度的法案」。十一月底，「下一代幸福聯盟」（簡稱下福盟）舉辦「為下一代幸福讚出來」大遊行，拿著「捍衛婚姻」、「MADE BY Daddy +

Mommy」、「反修民法九七二」等標語，表達反對多元成家法案和性解放性教育的立場。

這場名為「九七二救妻兒　一一三〇全民站出來」的遊行傳單上這麼說：

……同志運動團體在操作……他們的布局不只是同性婚姻的合法，而是在於性解放！這是臺灣，我們的家，我們深愛的土地……將因為不當的修法，把臺灣的下一代帶向多元情慾、家庭解構的未來嗎？一旦法案通過，法律改變，所有學校教材都將更新，直接影響的就是孩子……婚姻平權的下一個階段，男男、女女將可以透過精子銀行、代理孕母生育下一代……修法將帶來社會重大的改變和深遠的影響！一一三〇，讓我們一起上凱道！

14 清大教授曾陽晴曾在個人臉書貼文指出《青春水漾》涉及人獸戀，被人批評根本沒看過影片就散布謠言，事後曾陽晴悄悄刪文。

這是一場頗為成功動員的遊行，主辦方聲稱有三十萬人參與，監察院長王建煊、國民黨籍立法委員賴士葆、丁守中及前立委雷倩等人亦到場聲援。此後挺同、反同力量對抗日漸白熱化。

如果把時間拉久一點，鏡頭拉遠一點，便可發現在此之前，基督教團體已發動過幾次「反同戰役」。

二〇〇〇年，臺北市政府與同志團體共同舉辦「同志公民運動——臺北同玩節」，浸信會、聖教會、聖公會、信義會等聯手反對市府編列預算支持，發動教友打爆一九九九市民專線抗議，並發表公開信指出：「同性戀在上帝的標準是罪，需要悔改……國外的同性戀集會都充斥著淫慾與色情，臺北市沒有必要以同志集會作為晉升國際級都會的指標。」這應該是基督教團體第一次公開集結抗議同志的活動。

二〇〇六年《就業服務法部分條文修正草案》第五條增列反歧視就業條款，規定雇主不得以性傾向為由歧視就業。法案初審剛過，便引發宗教團體「尊重生命全民運動大聯盟」強力反對，使得原本即將逕付二讀、三讀的立法被拉回朝野協商。

聯盟指出，「性傾向」包括戀童、異性戀、同性戀、人獸交、性虐待等，如果性傾向納入反歧視條文，未來學校教育機構選任教職員工，難道不能檢視受雇者是否有戀童傾向？支持修法的民進黨立委黃淑英認為，宗教團體不該以汙名化性傾向為名，掩蓋「恐同症」的事實，剝奪不同社群的工作權，同志熱線、性別人權協會、婦女新知、臺灣女人連線、臺灣少年權益與福利促進聯盟、智障者家長總會與臺灣國際勞工協會等也發起連署聲援。最後法案在二〇〇七年三讀通過，加入反對性傾向歧視條文。

二〇〇九年，長老教會、靈糧堂、浸信會舉辦「上帝的愛超越一切」反同志遊行，強調上帝雖包容同性戀，但根據《聖經》的道理，他們不支持同性戀行為，希望陷在錯誤的同性戀者可以回歸「正常」，否則將導致大災難。遊行隊伍中甚至有人高舉「八八風災是神為了懲罰同性戀」，令人觸目驚心。

二〇一一年，「臺灣真愛聯盟」（簡稱真愛聯盟）指教育部為落實中、小學同志教育，在性平教材（包括《青春水漾》）中加入多元情慾、多元婚姻與性解放等內容，發起連署要求停止使用教材。事實上，他們口中的「性解放」教材，是指提供給教師作補充教材的《我們可以這樣教性別》和《性別好好教》，內容涉及認識同志及瞭解性傾向，並沒有他們所說的多男多女婚姻，更不涉及轟趴、戀童。這些錯誤訊息透過網路群組傳播，頓時引起家長恐慌，持續向立委及教育部施壓，立委陳淑慧、鄭金玲、管碧玲出面要求教育部暫緩實施，教育部亦從善如流，緊急宣布暫停發放，同志教育因此被延宕。[15]

到了二〇一三年，伴侶盟草擬的《婚姻平權草案》經由鄭麗君委員正式提案，反同團體逐漸有了合流的趨勢，其中較具規模與影響力的是護家盟與下福盟。[16]

護家盟成立於二〇一三年，全名是「臺灣宗教團體愛護家庭大聯盟」，它主要是由基督教、天主教、統一教等宗教成員組成，訴求是婚姻只能由一男一女組成，反對同性婚姻及多元成家修法。下福盟全名為「下一代幸福聯盟」，是由愛家盟、全國媽媽護家護兒聯盟等團體組成（二〇一七年十二月正式向內政部登記立案），其成立宗旨是「維護一男一女自然婚姻制度及兒少權益等事項」，主張既有婚姻家庭制度，停止推動性解放法案，要求各級政府遵守《教育基本法》等規定，將教育參與及選擇權還給家長。

不論是哪一個反同團體，他們的訴求一直是「支持同婚等於支持性解放」，這樣的說法從何而來？除卻一般認為的宗教因素（許多基督徒都說，《聖經》裡明白反對同志及同婚，但不同教派卻有相異見解）之外，是否有其他理由？

大體而言，反同人士認為同性戀是不自然的，會摧毀社會道德，同婚伴侶不能生育將導致人口減少，支持同志會鼓勵更多人變成同性戀，而且容易得愛滋病，如果同志夫妻領養小孩將無法像異性父母一樣給予「健全」和「正常」的照顧，導致兒童價值觀偏差，違反兒童利益等。他們經常援引宗教、道德、法律、生物學等理

15 二〇一一年起，真愛聯盟在網路上以移花接木的手法，聲稱教育部性平課綱教導性姿勢，編著性平課綱教師手冊的作者群提起誹謗與公然侮辱告訴，二〇一三年地檢署發出不起訴處分書。

16 下一代幸福聯盟要求媒體不要稱他們為「反同團體」，而是改稱「愛家團體」。本書為符合一般慣用字眼，仍以反同團體稱之。

論支持這些想法，讓他們的主張顯得理性且不偏不倚，確實吸引了不少人支持。

尤美女不同意以宗教理由反對同婚，但願意予以尊重，畢竟信仰是關乎個人的事，外人無庸置喙。但她更想瞭解的是，為什麼反同者對同志或同婚如此恐懼？其中的心理機制是什麼？她援引芝加哥大學教授瑪莎・納思邦（Martha C. Nussbaum）著作《從噁心到同理》，[17]以法哲學的角度檢視反同者的心態：

> 作者以美國許多有關同志權益的立法爭議為例，認為「厭惡」和「噁心感」才是那些歧視同志者的根本動機；噁心的感受和反同性戀的態度（尤其是有關同性婚姻的態度）之間有極高的關聯性，而美國的反同人士甚至將原本社會所存在對同性戀的厭惡，加上與病菌或HIV病毒的連結，製造出更多對同志的恐慌。但科學研究已經證實，這些連結事實上都只是想像，帶來的是對同志的羞辱和階級區分，挑起如種族仇恨般的對立，而反同人士卻號稱目的是要穩定社會。
>
> 然而，自由民主社會要追求的穩定，應該是人人平等，法律的角色正是要保障

每個人的平等，絕非基於對某個群體的厭惡或噁心感而制定。正如美國聯邦最高法院所言：「雖然法律難以改變人們的偏見，但是法律不可以為偏見服務，更不可以使人們的偏見因法律直接或間接地產生力量。」

納思邦教授在書中強調：「所有成年人都有權利選擇結婚的對象，他們的這項權利是來自於婚姻對情緒和對個人的意義，並不亞於可能生育後代的功能。這項權利對於保障正當法律程序是不可或缺的，也具有平等保護的面向。除非有極為重要的正當理由，否則任何人都不應該被排除在這項權利之外。」因此，她提倡只有「同理心政治」，強調個體尊重、理解不分族群的愛，才是解決之道。

這本書所提到的案例，在臺灣也似曾相識；反同者由於對同志的厭惡和噁心感，提出許多科學實證上不成立的論點。然而，法律絕不應基於這些感受而制定，而是應該積極保障同性別者彼此對人生的承諾及愛。[18]

17《從噁心到同理》，瑪莎・納斯邦著，堯嘉寧譯，麥田出版，二〇一八。

18 引自尤美女臉書貼文，二〇一八年十一月十五日。

很多人對同志的想像是很單一的，以為身為同志就像政黨認同是可以選擇的。政黨認同或可選擇，但性傾向並無法選擇，人們對同志的樣貌認識太少，才會產生單薄的想像。尤美女常說：「所有的誤解都來自不理解、不瞭解、不認識。」在推動同婚的路上，她經常看到外界對同志及同婚法案的誤解，全是來自於不理解，也來自於不想理解，這種建立在不理解與不想理解之上所構築的觀念，成了想像中扭曲的事實。

尤美女與鄭麗君先後提出婚姻平權相關法案之後，支持與反對方蓄積的不滿與矛盾愈來愈多，預示著未來婚姻平權的爭論愈發猛烈。眼見性別意識形態建造起來的囚籠愈來愈大，尤美女義無反顧地走上打破性別石牆的征途，樂觀的她相信，只要一直堅持，世界將會不知不覺地改變。

那時她還不知道，未來有更大的風暴正等著她。

四、平等，一直在等

1 腹背受敵

自從尤美女、鄭麗君先後提出《民法》部分條文修正草案，交付立法院司法及法制委員會審查後，反同方發起「全國甲級動員」文宣，指尤美女被少數激進團體影響，推動一系列破壞婚姻家庭的法案，並主張「絕不容許少數人在未經全民共識的情況下更改法律，婚姻制度如此重大的改變一定要經過全民公投才能更改」，呼籲民眾打電話給尤美女、鄭麗君及其他司法及法制委員會委員。從此尤美女辦公室的抗議電話被打到爆，表態支持同婚的其他委員更是被反同方列為「黑名單」。

尤美女自忖只是堅持做對的事，內心沒任何掙扎，但其他委員未必這麼想得開。他們私下坦承，涉及同婚這種吃力不討好的議題，不只抗議電話接不完，選舉拜票也可能被拒於門外，尤其宗教團體的組織力量向來在選舉中不容小覷，看著辦公桌上的法案，他們真的很難支持得下去。

婚姻，是同志必然要選擇的一條路嗎？

對尤美女來說，因為相愛，希望兩人結合可以得到法律保障，不只是性別問題，更是人權議題。她或許不是同志運動的長期耕耘者，但是她從不理解中慢慢地走出來，對她來說，同性婚姻是關乎《憲法》保障平等的自由，她無法袖手旁觀。

尤美女的挺同色彩，讓網友在她的臉書粉絲頁留言批評：

一男一女婚姻之保障有其法理，這也顯示法律很深的意義……如果您促成這種事情，敢問以後你拿什麼正當理由來阻止想要人獸交、和動物結為家庭的人？刻意忽略正常生育的結果，只在意兩人相愛作為標準，以後你拿什麼理由阻止近親結婚？……如果權利的要求、律法的設立不需要法理，只需要「平等」兩個字，你將來再也沒有任何理由阻止人獸交，阻止人和動物組成家庭。法律是道德的最低要求，因此必須慎重，如果可以這樣任某些團體的欲求而隨意操縱，那麼這才是最可怕的獨裁，只要掛上一些平等、尊重、權利等字眼，這些人可在這些字眼上為所欲為的提倡、洗腦、動盪社會，而那樣的社會絕非人們可平安安享的社會。

當你說男男交女女交是正常的，請你先告訴我什麼是正常，我也必須問你，人獸交正不正常，近親交正不正常，而你判斷何者正常何者不正常的標準是什麼？

社會言論已經被能言善道者主導著方向，任何與他們立場不同的都會被掛上異性戀霸權、歧視同性戀的罪名，但我必須說，這些人帶領的寒蟬效應才是真正的變態，他們可以嘲笑揶揄甚至辱罵歧視宗教，但卻不准別人歧視同性戀，在我看來，這種所謂的尊重多元，所謂的平等，最變態。

這類有如公式般（一再扯上「人獸交」）的批評與嘲諷，已經太多太多了，尤美女不怎麼在意，她更在意的是，有關同婚的法案通過院會一讀，送入立法院司法及法制委員會已經快一年了，一點動靜都沒有。

面對法案遭到擱置，伴侶盟、婦女新知、臺灣大學學生會性別平等工作坊、校園同志甦醒日、熊學會、青平台基金會等一百多個團體組成「婚姻平權革命陣線」（簡稱婚革線），要求司法及法制委員會立即審議法案。他們發起「恐同鎖、平權鑰：誰是恐同立委？公民鎖定你！」行動，製作象徵「恐同」的大鎖，上面標誌一一三位立委名字，將「平權鑰」交到每位立委手上，同時發起「彩虹圍城」行動，對立法院施壓。

二〇一四年十月五日彩虹圍城行動開始之前，主辦單位要求參與者若遇到反同群眾不可惡言相向，也不要把他們團團包圍，刻意降低雙方的對立。他們事前將貼有立委名字的恐同大鎖鎖在立法院青島東路外牆，希望立委以「平權鑰」開啟，取下「恐同鎖」。民進黨的鄭麗君、尤美女、段宜康都親自到場開鎖（蕭美琴則是請人到場解鎖），國民黨的丁守中（曾公開反對同性結婚）、李鴻鈞、紀國棟、黃昭順，以及臺灣團結聯盟的周倪安、無黨聯盟高金素梅也都到場開鎖表示支持。這個會期擔任司法及法制委員會召委的尤美女允諾將召開公聽會，要求法務部盡快提出對案，並在會期結束前排入議程，讓國會出現理性論辯的機會，她說：

我希望這次的公聽會，能夠有助於往後臺灣社會面對同性婚姻議題、或其他爭議性較高的各種議題時，不同意見的各方論辯。無論支持或反對，期盼盡量避免使用不理性的謾罵言語，那只會使同性婚姻議題的社會對立更加劇烈，更難出現有建設性的公共討論。

這一年多來，我與鄭麗君委員分別提出法案，卻不斷遭到反同團體以誤導的文宣曲解，製造恐慌及焦慮，發動民眾打電話到各立委辦公室。但是從電話內容千篇一律複誦護家盟的文宣內容，或大罵草案將造成「亂倫合法化、多P合法化、人與貓狗結婚合法化」等不可思議的批評，判斷這些民眾其實並不清楚草案內容，而且常情緒激動到大聲吼罵，不願聽取解釋說明。誤導文宣就像是選舉黑函，弱智化臺灣社會的公共言論，如果民眾沒有實際查閱法案內容的話，當然很容易受到誤導及煽惑。

我很希望人們帶著對他人的愛與理解，而非帶著恨與偏見，來好好討論法案，也希望藉由議程安排，促進未來出現更多良好的、理性的公共討論，讓更多民眾及立委能夠瞭解同性婚姻議題、婚姻平權法案，而非受到偏頗文宣的扭曲影響。

只是言者諄諄，聽者藐藐，就在「彩虹圍城」行動同一時間，下福盟在立法院召開記者會表示：

「性解放」悄悄藉由「性別平等」的名義進入臺灣，特別在教育方面，「墮胎是一項合法、合理的選擇」、「男生和男生做愛」、「製作口交膜」等文字進入國中小性別平等教材，《青春水漾》的影片進入國小校園，教導學生如何尋找敏感帶，甚至是相互打開彼此身體的「開關」。對此教育界及許多關心孩子的師長及老師，皆對此表達高度的憂心，質疑教導如何發生性行為內容的教材到底和性別平等有何關係？在孩子還小的時候教導他們多元性別的概念好嗎？類似這樣的教育對國中甚至是國小身心還在發展的孩童是好是壞呢？[1]

對於國中、小學性平教材的內容、對同婚合法性的質疑不是不能辯論，前提是必須擁有正確、充分的資訊，才能進行有效的溝通。反同團體一再簡化或扭曲相關論述，就算挺同人士拚命澄清，性平教育內容沒有他們所說的那些驚悚的情節，還是難以抵擋各種謠言的流竄。聳動的標題，錯誤的訊息，儼然已成了反同的宣傳策略，也是獲取流量的訣竅，可怕的是，許多人既沒看過性平教材，也沒看過法案內

1 見下福盟新聞稿 https://www.coolloud.org.tw/node/76518。

容，仍對這些說法深信不疑，實在是天真得令人戰慄。

尤美女評估民進黨是在野黨，整體社會氛圍又不支持，若是硬推法案，恐怕很難成功。部分挺同人士很積極，很急切，希望她盡快排案審案，她卻以為法案寫得再好、再理想，如果其他委員無法理解、或是沒有耐心瞭解法案核心，就算她與同志團體再怎麼積極說明，恐怕都是枉然。她說：

「當了立委以後對我比較困難的，就是你明知道情勢不可為，還要不要做政治動作對大家交代？這不太是我的性格。我知道有的人未必認同某個理念或政策，但是政治動作還是會做得很大，讓大家覺得他很支持。我是那種支持什麼就做到底的人，但我事先會去衡量去做的結果是什麼？如果時機未到，情勢不對，寧可就先不要動，可是這個『不動』就會讓人家覺得你就是不支持，縮頭縮尾……有各種不同的詮釋。」

「你這種個性，會不會讓助理有點苦惱？」我可以想像，面對如此「務實」的老闆，助理就算想「做球」給她，她卻不想接，應該會很挫折吧？

「可能吧。他們有時候會催促我說，你必須有所表示，但我會跟他們說，你也知道做了這個就是假動作啊。有其他立委提跟同婚相關的案子，要求排入議程，可是根本什麼也沒準備就粗糙提案，要求表決，大家也心知肚明，可是你到底要投贊成還是反對？……有些事只是一天的新聞，不必要為了一天的新聞做無謂的動作，我覺得要做的是藏諸名山、真的有意義的事情。」

「你真的不在意媒體效應嗎？」我問她。

「是啊，反正我又不想選舉，如果要選舉，就要有光環，才必須注意媒體效應。我原來覺得做一屆（立委）就夠了，反正一切隨緣，會當上也不是強求來的。不過我最感到無力的是很多事情使不上力，我既不懂政治操作，也不願意操作，後來慢慢看懂了人家怎麼做，想辦法把自己抬得很高，就會有談判的籌碼，可是我都沒有。我進立法院是想解決問題，不要什麼光環，名利都不是那麼重要，一步一腳印，活在當下，做你該做的事，就夠了。」

尤美女的感慨不是沒有原因的。那時法案遲遲沒有具體進度，部分挺同人士竟把矛頭轉向尤美女，認為她不夠積極，雖然她從來不多做解釋，從挺同人士苗博雅的臉書仍可一窺端倪：

最近聽在國會工作的朋友說，尤美女國會辦公室頻頻接到關切《婚姻平權法案》的電話，讓辦公室的工作人員疲憊不堪。坦白說，還滿訝異的。尤辦接到護家盟等團體的施壓電話要求不得推動同性婚姻，早已稀鬆平常，不意外。但這一波打電話來的是要求「現在立刻馬上排案審查」的熱血同志，這就讓人不解。尤美女是立法院司法及法制委員會「唯一公開表態支持」同性婚姻的立委，同志讓同志接電話接到手軟、講到嘴痠、感到心酸，到底是為什麼呢？

目前法案在立法院司法及法制委員會等待排案審查。這會期是預算會期，能審查法律案的空間本來就比較小。而司法及法制委員會待審議案目前有六百多案，《婚姻平權法案》排得進去嗎？國民黨的召委廖正井已經很明確表示「不會排案」；但，尤美女在抽中召委後，立刻承諾《婚姻平權法案》在這會期一定會有進度。

……現在立法院各大黨及各委員很少有人公開表態支持《婚姻平權法案》，大多數是公開反對（國民黨團）或者私下支持但不公開表態。目前司法及法制委員會只有尤美女立委公開發言支持，其餘曾經公開支持的段宜康、鄭麗君、蕭美琴等委員並非司法及法制委員會成員，僅能發言，沒有表決權。這也顯示護家盟等反對《婚姻平權法案》的陣營有錢、有人、有資源，遊說動員有一定的成效。

……親愛的同志，我知道你很焦慮，但是：現在法案的狀態是「形勢一片大好，表決一定通過，不排案就是拖時間」嗎？不是的，現在的情況是護家盟遊說和群眾動員都占上風，縱使內心支持的委員也不敢公開表態。能不能多爭取一些時間，多討到一些實質上的戰果（例如法務部的對案、利用預算會期讓各機關有實際作為），雖然這不夠好，但運動不就是一步一步往前擠嗎？親愛的同志，我知道你很渴望法案能夠吸引更多目光、捲動更多討論，但是：打電話癱瘓立法院司法及法制委員會「唯一公開表態支持」並且「已經承諾會在本會期排案審查」的尤美女辦公室，對於推動法案前進是沒有用的。你想想看，如果其他委員看到公開表態支持的尤美女辦公室要接護家盟電話、又要接同志電話，你覺得其他委員會怎麼想？有誰想追隨尤美女的腳步？[2]

在體制外面倡議大可搖旗吶喊，喊殺喊打，但在體制裡面必須遵守既定遊戲規則。尤美女認為過去她代表婦女團體，可以只站在婦女的角度發言，如今成為國會議員，關注的範疇不只是婦女議題，考量的角度必須包括所有選民，面對不同團體的觀點與利益就必須不斷折衝，試圖從中尋找平衡點。外界常批評倡議者進入政府之後「換了位子，就換了腦袋」，她卻以為「換了位子，一定要換腦袋」，這是角色轉換使然，並不是背棄理想。雖然她一路努力想扮演好政府、黨團與民間團體之間的橋梁，卻不時陷入兩面不是人、猶如夾心餅乾的困境。她說：

「民間團體對我的期待很深，希望我能完全站在他們的角度說話，可是行政單位或黨團會說，你為什麼不是站在我們這邊，還要跟我們唱反調？民間團體總是要求政府必須做到一百分，可是政府單位就只能做到六十分，雙方誰也不肯退讓，怎麼辦？就只能耐性跟雙方一再溝通。」

召開公聽會之前，尤美女收到一位母親的來信，說大家應該要「保護孩子，我們的孩子不是商品」，認為尤美女推動同婚是錯的，「我們不容許少數人在未經全民共識的情況下更改法律」，信末更指出「盼望臺灣持續在God的祝福及保護中」。尤美女親自回信給她說：

> 我們沒有要改變婚姻制度，只是讓婚姻制度包容更多想要進入且信守許諾的人。沒有任何人有權利剝奪另一群人的婚姻家庭權，也沒有任何人有權利強迫

2 見苗博雅臉書，二〇一四年十一月十四日。

另一群人生活在偽裝中，甚至為符合社會的虛假而欺騙另一個異性戀者而與之結婚，對不知情的異性戀者是不公平的，我們更不願意看到我們的下一代因我們的無知，而必須以生命作代價喚醒我們。一種米養百種人，尊重每一個人的自由選擇，我們無權替別人做決定，社會無共識，法是過不了的，但社會是需要更多的理性與包容穿透偏見與誤解，進行更多的溝通與討論。

在眾聲喧譁的（網路）時代，想要靠「說理」走遍天下，有如螳臂當車，但這就是尤美女的風格，她向來實事求是，覺得有一分證據說一分話。沒想到這封簡單誠懇的信，還是引起下福盟不滿，他們以「小老百姓們」為名發表〈美女的盲點〉[3]一文，批評尤美女推動同婚是破壞傳統家庭制度，置年輕人性命於不顧，指責她塑造同志邊緣人的形象，卻放任同志霸凌反同婚的弱勢者，最後話峰一轉，又回到他們最在意的性平教育：

您在公聽會上邀請的同志諮詢熱線等同運團體，他們多年來一直積極進入校園，以「老師」的身分，向孩子們散布同志洗腦教育、同志養成教育（但是這群「老師」卻在組織臉書粉絲頁上，公然散播同性性交教育以及嗑藥教育的訊息）……難道美女委員不知道有多少孩子好奇嘗試禁果後，這些結果由誰來承擔呢？不就是一個個心碎的父母嗎？我們反對「以避孕教育之名，行鼓勵性交之實」的性交教育！美女委員，希望您的眼裡不要只見少數成年人的私慾，卻忽略兒童及青少年的生命與基本權益！

性平教育怎麼會變成「鼓勵性交教育」及「同志養成教育」呢？追溯起來，還是得回到教育部提供給老師作為補充教材的《我們可以這樣教性別》和《性別好好教》手冊。手冊中提到什麼是保險套，反對人士認為這是「主動

3 全文見 https://www.coolloud.org.tw/node/80419。

教孩子從事性行為」，其中《我們可以這樣教性別》有一段文字：「在親密關係的性生活中，沒有人會被強迫性交、口交，而是都能倍受尊重，愉快地享受性生活……」也被他們認為是鼓勵學生從事性行為，過於激進，從此「性平教育就是鼓勵性解放」的說法不逕而走。

至於性平教育又為何與同志扯上關係？原來，根據《性別平等教育法施行細則》，明訂性別平等教育應包含同志教育，但是對反對人士來說，同志明明是少數，卻在教材中占有一席之地，「讓少數看起來好像是多數」、「暗示孩子沒有感情也能有性關係」，他們擔憂一旦《民法》修法過關，性平教育會被同志所掌控，變成清一色的「同志教育」、「性解放教育」，甚至指控「同志教育是製造愛滋的罪魁禍首」。[4]

反同團體不只扭曲性平教育內容，還經常引用文獻失據，歪曲學者研究。有次護家盟祕書長張守一在電視節目上說，「同志婚姻是跟性解放結合在一起的」，他公開拿出數據指出「臺灣同志一生性伴侶人數＝平均五三．二六人。一年性伴侶人數

＝平均一二．八一人」，[5]並稱數據是來自成功大學柯乃熒教授的研究。柯教授隨即投書媒體[6]抗議張守一錯誤引用，說明她的研究結論是「參與研究的一〇八位男同志多數其一生性伴侶為二十人，一年性伴侶人數為一人」，指出同志性伴侶數與婚姻平權一點關係也沒有。對此，張守一卻始終沉默以對。

在這個時代，誰還在乎事實？誰又在意謠言造成的後果？

十月十六日，司法及法制委員會召開「用平等的心把每一個人擁入憲法的懷抱——同性婚姻及同志收養議題」公聽會，召委尤美女擔任主持人，國、民兩黨各邀七席團體代表、專家學者出席，希望開啟理性的對話。尤美女以她十分佩服的南非大法官奧比．薩克思（Albie Sachs）的話作為開場：

4 這個說法是由宗教與家長團體組成的「CEF中間選民論壇」的劉琴滿所提出。見https://tw.news.yahoo.com/拒同志教育-cef邀連柯談兒少教育政策-052303710.html。

5 張守一的發言見影片https://www.youtube.com/watch?v=PB2DCX2AAFU。

6 〈性伴侶數目與婚姻平權有何關係？〉，柯乃熒，《蘋果日報》，二〇一四年十二月十九日。

「奧比．薩克思說：『在南非建國槍林彈雨的內戰中，許多袍澤跟著一起在戰壕內出生入死。今天建國了，大家都有《憲法》保障的基本人權，卻有一群人不能自由地建立起親密關係，表達對彼此的愛與感受，強迫他們必須以掩飾身分的方式假結婚，而讓另一群人受到痛苦，這是違反《憲法》保障人權的精神。』因此在南非憲法法院第一個承認同志婚姻的判決裡面寫道：『宗教事宜要嚴肅處理，而且人民的信仰應該被視為公領域的一部分，並且受到尊重，但是法律也必須承認男女同性戀配偶具有不可挑戰、不容置疑的權利，可以在國家的支持下以公開的方式慶祝，法律也應該承認他們的關係、親密行為、對彼此的愛和感覺，這些都是他們受到《憲法》保障的基本人權，而國會所要做的就只剩下決定並規範形式細節，讓同性戀能享有平等的權利。』這就是此次獲得唐獎的南非大法官奧比．薩克思在同性婚姻的判決當中所彰顯的精神。」

這次公聽會設定從《憲法》層次討論同婚合法化，正反兩方從社會、心理、哲學、法制的角度各自陳述，論辯及攻防尚稱理性節制，與會者大多能就事論事，沒有太多情緒性發言。可惜立法院內的公聽會理性辯論，立法院外的反對民眾卻激情不減，護家盟約三百多人不斷高呼「婚姻假平權　真毀家廢婚」、「同志收養　孩子遭殃」、「保護孩子　停止性解放教育進入校園」、「背離民意尤美女　毀家廢婚假人權」、「同性婚姻不是人權」等口號，點名尤美女「放著重大法案不審，浪費立法院資源及濫用召委職權，偏頗的立場及態度，引起所有支持男女結合婚姻制度的民眾不滿」。

尤美女始終以為，整個社會福利制度就是以家庭為單位，家庭則是以婚姻為基礎，所以只要沒結婚、就不能進入家庭，就沒辦法享有這些權利，這也是她積極推動同婚，讓願意成家的同志與異性戀一樣擁有家庭、社會福利的原因。如果大家都是為了「護家」，怎麼會得出如此迥異的結論？那陣子食安問題頻傳，護家盟批評尤美女「嚴重侵害兒童的權益，比餿水油還可怕」，還有反同民眾打電話到她辦公室抗議說：「從小要教孩子正常的兩性關係，才不會有黑心油出現。」這種莫名其妙的邏輯，讓人哭笑不得。

十二月二十二日，法案進入司法及法制委員會進行審查，審查的包括尤美女提案的《民法親屬編第九七二條、第九七三條及第九八〇條條文修正草案》、鄭麗君提案的《民法親屬編部分條文、繼承編第一一三八條、第一一六六條及第一二二三條條文修正草案》，以及王惠美提案的《民法親屬編部分條文修正草案》。這是立法院第一次正式審議同婚相關法案，可以想見是場硬碰硬的攻防戰。

民進黨立委段宜康、尤美女、鄭麗君、林淑芬力挺同婚，國民黨的李貴敏、林鴻池則是對修法的複雜性及造成衝擊抱持懷疑態度，但沒有明白表示支持或反對。倒是國民黨的廖正井及呂學樟的發言頗值得玩味。

廖正井說，過去他擔任召委時未排案審查，是因為法務部不贊成修法，也強調自己關懷同志，但背後有很大壓力。他說，修改《民法》「對我們中國家庭影響很大，我們客家人有客家人的族譜，若照這樣以後沒有家庭倫理關係存在」。

呂學樟則表示，他看了護家盟提供的影片，發現同運要打破一夫一妻、甚至可以人獸交，讓他感到「驚心動魄、非常可怕」。而且《婚姻平權草案》要把「爸爸媽媽變成雙親」、「養父母變養親」、「祖父母改叫作二親等直系血親尊親屬」十分繞口，造成千百年來家庭人常淪喪、價值觀崩潰，他不能成為歷史罪人。

呂學樟看的是什麼影片？他當場沒有說明，[7]不過他的「人獸交」說法一出，立刻被尤美女糾正，表示「人獸交等等都是汙衊同志的言行，我身為主席，必須進行更正，希望立法委員基於正確的資訊問政」。

照理說，呂學樟「應該」看過法案，也「應該」知道法案不涉及人獸交，而且不論是尤美女或鄭麗君的版本，都不需要修改夫妻或父母名稱，沒有「爸爸媽媽祖父祖母不見了」的問題，既然如此，為什麼他還是這麼說？是他真的誤以為如此？或者只是為了給支持者交待，才不得不這麼說？

原本允諾將提出對案的法務部食言了，法務部次長陳明堂說「同性婚姻者生理

---

7 事後呂學樟接受媒體訪問時解釋，「人獸交之說」來源是前一天護家盟至立院請願並播放同志運動影片，影片中有人發表「X爽爽」、「人獸交」等言論，護家盟向他表示擔心修法將導致「人獸交」發生，他才有這樣的說法。

上無生育婚生子女可能」、「反對聲音很多」，他不支持修法。但立委段宜康有不同意見，認為按照這種邏輯，異性戀結婚前也應該檢查有無生育能力，更何況法律存在的目的是在保障少數人，社會上不論反對者是多還是少，跟他們一點都不相干，不該有人反對就剝奪他們結婚的權利。至於法務部的「社會共識說」，立委林淑芬也反問，百分之九九點九九九的人贊成要殺百分之零點零零一的人，是否社會高度共識就要執行？德國二戰時屠殺猶太人也有社會共識，但基本人權需要經過多數決嗎？林淑芬說：「基本人權不是用表決討論的，今天在立法院裡討論『要不要給他們婚姻權』已經違反基本人權概念，這是多麼可恥！」

正如尤美女所預料的，最後法案因國民黨立委杯葛，並沒有進入實質逐條審查。等過了這個會期，尤美女不再擔任召委，法案想要過關，只怕是更難了。

2 無盡的等待

時序進入二〇一五年，司法及法制委員會的兩位召委，國民黨的林滄敏及潘維綱刻意不將法案排入議程，立法院內除了尤美女、鄭麗君等少數立委持續關心，已經沒什麼人對同婚有興趣了。他們說，法案引起的爭議太大，並以二〇一六年即將進行大選為由，認為忙選舉都來不及了，哪有時間與力氣審查法案？有人私下勸尤美女說，不必忙了，未來半年立院空轉是正常現象。

對於政治人物來說，選舉很重要，選民的意見更重要。問題是，選舉壓力始終存在，選民的意見更是五花八門，如果考量的永遠是選舉與選票，對各種議題的立場含含糊糊，對於價值一再退讓妥協，政治人物的核心價值是什麼？

那年六月，美國聯邦最高法院通過歷史性判決，確認同性婚姻正式在美國全面合法，同性伴侶應享有與異性伴侶相同的法律待遇。高雄、臺北、臺中等十一個縣市陸續開放同性伴侶在戶政系統進行註記，可以「關係人」的身分簽署手術同意書、侵入性檢查與治療同意書。這種種訊息讓同志深感振奮，但尤美女仍擔心排案審查遙遙無期，因為依照「屆期不續審」的原則，等到明年立委重選，原來一讀通過的法案即視同廢案，等於是前功盡棄。

七月十一日，伴侶盟發起「為婚姻平權而走，平等不能再等」遊行，在颱風過境之際，數千人不畏風雨遊行至中國國民黨中央黨部，批評「國民黨的政治人物不在乎同志議題，以為同志選民在選舉時會自動藍綠歸隊」。他們也遊行到民進黨中央黨部，斥責該黨「席次少不代表不能排案，別再把席次少當作不推法案的理由」，要求兩黨承諾在最後一個會期通過法案。

那段日子常有大量電話、信件、花束、蛋糕湧進尤美女辦公室，表達他們的質疑、鼓勵、期待及焦慮。有人懷疑她為何要推動同性婚姻，有人急切要求她立刻排案（卻不知只有召委才有權力排案），有人是詢問公聽會後的後續進度，有人則是關懷她承受這麼多的壓力，是否還挺得住。這些不同的聲音，尤美女她都聽到了，她在臉書上說明自己的立場：

身為長期為性別人權奮鬥，且來自民間團體的國會議員，在立法院推動同志人權是我的使命。我希望能盡量廣泛聽取各方意見，以補充自身視野之局限；但也必須做出自己的價值判斷，創造或掌握改革契機，即使社會多數人仍害怕傳統受到衝擊、或仍忽視少數族群的權利。回到這個初衷，我自然就會挺得住壓力，也必須挺得住。同志人權是否能夠再往前走一步，目前面臨了關鍵時刻，我希望善用我的運動經驗、法政專業及立委職責，貢獻一己之力，推動同志人權再往前走。

我提案，是為了消除制度對同志的歧視，還給同志應有的人權。我召開公聽會，是希望開闢國會殿堂理性公開的論辯空間，不要再讓扭曲抹黑的匿名文宣，以不負言責的惡劣方式破壞了議題深化討論的可能性。

……進入國會這兩年多，也讓我看得更清楚，若要推動同志人權這類意見衝突高度對立的議題，不只要面對傳統觀點的質疑聲浪，也必須務實面對行政部門的既定立場。

過去三十多年參與婦女運動、推動民間版草案的經驗中，我深知爭取權利的道路漫長又艱辛，也可以想像各位焦急於同志人權遲遲無法前進的朋友們在面對國會結構中，保守立委占多數的劣勢，無力又無奈的心情。因此對於各個同志團體過去長久面對社會歧視仍持續努力，我深深地感佩。

不過，過去的運動經驗也讓我瞭解到，法案推動並非一蹴可幾，需要一而再、再而三地努力遊說，尋求各黨派立法委員的支持，尋求各團體間的最大共識，尋求社會各界的支持，不斷透過各種造勢要求政府表態，要求行政部門不要再遮掩立場，清楚用政策說明、法案條文表達立場。

就在推動同婚顯得後繼無力之際，民進黨總統候選人蔡英文在臉書放了一支短片，表達支持同婚的立場。在這支十五秒的短片中，她說：

「在愛之前，大家都是平等的。我是蔡英文，我支持婚姻平權。讓每個人，都可以自由去愛、追求幸福。」

蔡英文在二〇一二總統大選敗選、卸任黨主席後，就曾連署支持伴侶盟提出的草案，這也是她回任黨主席並成為總統參選人後，第一次對同婚議題表態。這樣的承諾讓同志大為興奮，相信蔡英文當選的話，一定會兌現婚姻平權的競選諾言。

就在這時，一個新興的反同政黨出現了，那就是信心希望聯盟（簡稱信望盟）。信望盟在二〇一五年九月正式成立，主要核心人物是基督教會牧師及具有教會背景的人士，包括前立委雷倩（曾任下福盟發言人）、牧師陳志宏（曾任護家盟發言人）等，大部分成員與護家盟及真愛聯盟有相當重疊。他們稱成立目標是「擺脫現有的藍綠意識形態，著眼未來發展議題。同時參與中華民國第九屆立法委員選舉，將推出區域與不分區立法委員候選人，積極參與構建年輕人的未來」。

該聯盟成立不久，便與下福盟等團體發起「保護家庭公投」，主張在未經公投前，立法院不得修法通過與同婚合法化相關的法案。[8]信望盟主席團成員雷倩表示，

8 下福盟在二〇一四年十月便建議應以公投解決問題，他們在新聞稿中表示：「婚姻家庭制度關乎下一代福祉及全體國民權益至為重大，不應由少數人推動修法而更改，臺灣有自己的主權，少數國家實施

他們不反對同志，但「同性婚姻不等於多元成家，我們強調要對抗的是被一小群人提出、積極推動的多元成家主張」、「社運團體常利用平等、多元或友善等，來包裝極端激進的主張或立場，並藉龐大的網路聲浪造成社會壓力，導致許多政黨與政治人物紛紛向這些團體低頭」。奇怪的是，《婚姻平權法案》明明跟「多元成家」一點關係都沒有，草案條文寫得那麼清楚，他們為什麼就是視而不見呢？

信望盟提出的公投主文是這樣的：「婚姻家庭制度為社會形成與發展之重要基礎。您是否同意《民法親屬編》『婚姻』、『父母子女』、『監護』與『家』四章中，涉及夫妻、血緣、與人倫關係的規定，未經公民投票通過不得修法？」尤美女看了之後大感不解，公民投票最主要是為了彌補代議政治的不足，立委是透過人民投票選出的代表，已代表多數民意，如果修改法律還得經過公投，等於是剝奪了立委修改法案的權力，顯然並不合法。

信望盟為了宣傳公投，拍攝了一支集所有流言之大成的短片，[9]像是「婚姻平權法案通過了以後，爸爸媽媽不見了，爸媽改成雙親一雙親二，夫妻改成配偶，祖父母變成直系血親尊親屬」，刻意誤導民眾以為法律用語將代替生活用語，虛構同婚合法化以後的社會亂象。明明不是事實，但影片裡這麼說，還是有人信了。

信望盟大量散發「民進黨支持多元成家」的文宣，上面寫著：「通過同性婚姻，就是通過伴侶制度和家屬制度」，刻意把三個不同制度混為一談，無視於事實。他們透過學校老師、家長會及愛心媽媽發放連署書，甚至有老師把連署書當成家庭作業，要求學生帶回家給爸媽簽名，說：「連署書是要推翻同性戀結婚的，否則一個家庭裡就沒有爸爸和媽媽了。」這些舉動明顯違反《教育基本法》[10]及《性別平等教育法》，可是教育部從未進行任何違法裁定或議處。

反對意見並非毫無界線或漫無邊際，應該遵守法治的基本原則。事實上，並非所有教會都支持信望盟的做法，例如淡水教會便公開表示：

同性婚姻或伴侶制度不應成為強迫臺灣必須修法的理由。相關制度修改應在社會有高度共識，並經全民公投通過後，始得為之。」

9　影片見 https://www.youtube.com/watch?v=zJKZNZcvLCw。
10　《教育基本法》有中立原則，以杜絕特定宗教或政黨，透過校園行政與教學網絡入侵校園。

信心希望聯盟是基督教信仰之政治團體，但在臺灣基督長老教會信仰告白中提及「教會是上帝百姓的團契，受召來宣揚耶穌基督的救恩」，清楚說明「教會歸教會、政黨歸政黨」的立場與態度。因此，本會僅尊重信心希望聯盟在基督信仰的詮釋，其政黨政策之主張。多元成家直至目前為止僅為社會議題，並且是民主進步黨籍立法委員尤美女女士個人政見，[11]並非立法院審查議案。在尚未有正確訊息和釐清多元成家內容之前，本會有責任教導會友要明辨是非真偽，杜絕任何不實謠言端正教會信仰風氣、不和稀泥製造社會紛亂。[12]

信望盟標榜「維護家庭」、「保護兒少」的主張，確實吸引了不少民眾支持，公投提案在短時間之內便得到十八萬人連署。最後中選會公民投票審議委員會以「內容涉及《民法》『婚姻』、『父母子女』、『監護』及『家』等章節，不符合公投提案『一案一事項』規定，且未提出擬創制之立法原則為何，故非屬『立法原則之創作』，與公投法第二條第二項之規定不符」，駁回了提案。

這次公投提案的失敗，並沒有讓信望盟停下腳步，他們集中火力投入二〇一六年立委選舉。這樣的做法在教會內部不是沒有雜音，正如《臺灣教會公報》裡一篇文章所說：

信心希望聯盟願意投入選舉，對大部分的基督徒來說已是跨出了極大的腳步。普遍而言，臺灣教會並不鼓勵信徒參與政治，甚至遠離政治，最多也只是為「執政掌權者禱告」，基督徒集體參與政治，是臺灣教會的大轉向，不但罕見，也值得鼓勵。

不過，基督徒參政最大的問題，就是自以為自己站在「信仰的基礎上」，甚至以為自己的主張就是信仰，強調自己是基於信仰而愛這個世界。要注意的是，

11「多元成家」從來不是尤美女個人的主張，可見外界對尤美女誤解得多厲害。

12 全文見 https://www.mackay.org.tw/ch/aboutnews/ 淡水長老教會 /59-【淡水教會牧函】拒絕響應信心希望聯盟守護家庭公投之連署行動 .html。

一不小心就成了神的代言人，將「己意」轉為「神意」，忘了要謙卑，也忘了活在「人」的世界，忘了要去傾聽、理解、體貼不同價值群體的生命經驗，以及「他者」曾遭受到的苦難。

這也是許多國家的基督徒會成為政治上的道德保守團體，並被歸類為「反同志」極端組織的原因。作為一個「有愛」的政治團體，最重要的，並不是宣揚主張或一味反對，攻擊或抹黑不同立場者。相反的，從事政治，要先學會走入社會，試著從不同立場理解社會，學習對話。

信仰有信仰的價值、社會有社會的規則，兩者該如何「相處」，恐怕是宗教介入政治的首要課題。[13]

二〇一六年一月立委選舉，信望盟推出的十位候選人全軍覆沒，此後幾乎未再以政黨名義對同婚議題發表看法（二〇二〇年四月二十九日，內政部公告其因未依《政黨法》補正完成，宣布廢止政黨）。但信望盟成員仍舊活躍於各種反同活動，像是前候選人曾獻瑩積極主導下福盟及反同婚媒體風向新聞，前候選人游信義發起北北基安定力量聯盟，對支持同婚的時代力量立委黃國昌發動罷免……日後挺同與反同對立態勢益形尖銳，一場硝煙四起的戰役，即將開打。

13〈信心希望聯盟不會沒有愛〉，管中祥，《臺灣教會公報》，二〇一五年十月六日。

五、現在就要平等

1 機會與命運

二〇一六年一月，正副總統及立委選舉結束，民進黨總統候選人蔡英文以超過百分之五十的得票率勝選，挺同團體自然是寄予厚望，期待她能兌現競選諾言，促成同婚合法化。

新一屆立委走馬上任，尤美女再次獲得民進黨提名，擔任第九屆不分區立委。選前有傳聞說尤美女不在安全名單之內，朋友很擔心，助理很緊張，問她要不要主動「關心」一下，她以為自己向來依循良知做決定，如果因忠於良心做事，卻沒有機會續任立委，也沒什麼好遺憾的。

前尤辦副主任曾昭媛告訴過我，二〇一二年尤美女剛進立法院時，她問尤的理想是什麼？尤美女認真答道：「追求真善美。」那麼篤定的語氣，彷彿天經地義。

「聽她這麼說，我立刻翻白眼。她眼睛閃著光說，可是我真的覺得真善美很重要，人生就是要真要善要美……」曾昭媛笑著說道：「她跟我就是差這麼多，就是這麼正向，充滿陽光，不預設對方有什麼居心，就算對方反對，像某些朋友反同，她還是會很有耐心溝通說明，相信他們總有一天會慢慢接受。這點她從新知到立院，從來沒有改變。」

進入新的任期，尤美女仍將問政重心放在性別、人權、司法及法制議題，至於上屆她與鄭麗君提出的草案，因法案屆期不連續的規定，必須重新提案。如今民進黨當家執政，社會氛圍有所不同，她評估是再度推動同婚相關法案的時機，於是主動找了同志熱線、同家會、婦女新知等組成「同婚修法小組」，定期討論法案內容，每次開會從不缺席，並風塵僕僕地奔走於臺灣各地，廣泛徵詢各界意見。

有一次尤美女到桃園參加同志座談，現場來了一群小朋友，她好奇問道，這些是誰的小孩啊？同志朋友告訴她，是我們的小孩。

「我一下子反應不過來，心想，同志怎麼會有小孩？國內代理孕母又不合法？他們才私下跟我說，有的孩子是前段婚姻生的，有的孩子是到國外收養或做人工生殖的，而且這樣的小孩已經有一百多個了。如果同婚合法化的問題再不解決，未來小孩進入學校可能會被霸凌，而且如果生母過世了，另一位母親也無法行使親權，只能看著小孩被社會局或生母家人帶走，從此成為法律上的陌生人。同婚議題不只是大人的感情問題，還牽涉到孩子的權利，我當了一輩子人權律師，那時覺得自己責任重大……我要想辦法讓法案通過！」

同婚引起的紛紛擾擾，以及尤美女的無役不與，常讓外界誤以為她只關心性別與同志議題，殊不知舉凡監所改革、轉型正義、年金改革、土地正義……都是她關切的重點，相關提案不可勝數。根據公督盟的立委評鑑，不論是出席率、質詢率、提案率及公民評鑑分數，她每次都名列前矛，只是媒體不重視，民眾未必知情。據我瞭解，她的助理群負責研究處理的法案，大大小小大概有一、兩百個，而且每個助理有不同守備範圍，只要是民間團體關心的案子，辦公室就有對應的負責人及檔案夾，算起來，平均一個助理必須負責幾十個議題。問題是助理還可以分工，立委可沒有他人代勞，她一個人要如何應付如此驚人的工作量？

曾任尤辦法案助理的楊宜靜說：

「委員以前的行程很恐怖，同一個時段會排三、四個行程，立法院的常設委員會都是每週一、三、四要開會，她一定會去。她是司法及法制委員會的成員，但她關心的很多議題分屬不同委員會，有時同一天有三個委員會要討論她關心的議題，她就會想辦法調配時間，快速移動在不同委員會，我們在辦公室幫她監看委員會直播，控管時間。她關心的議題很多，不見得每個範疇都那麼熟，助理必須找時間替她惡補法案，可是她實在是太忙、太累了，有時候聽到一半會盹龜，我們都很不忍心……她做任何事情都想全力以赴，那是一種隨時都在噴發腎上腺素的人生！」

前尤辦副主任曾昭媛也說：

「我們晚上會排時間替她『上課』，討論第二天要審的案子的爭點是什麼，她笑說我們是她的教練團，她是上場選手。她白天那麼忙，晚上又要被我們『訓練』，很累，我知道，有時候跟她講一講法案，她會累到睡著，等她自己醒來了，我再繼續講下去。我有同事更狠，晚上十一點多跟她討論隔天要審的法案，委員說，我好累，可不可以回家？我同事說，不行，這很重要，繼續……她就讓我們這樣折磨她，壓榨她，她知道這是社運界的理想，也是對她的期待，我不知道她是怎麼辦到的。」

尤美女告訴我，她忙的時候連在從甲地移動到乙地的過程，都有助理在車上跟她討論法案，有時還會衝進化妝室跟她說明，她必須在最短時間之內吸收所有東西，然後消化成自己可以訴說的語言。她知道有些委員質詢就是看看報紙，剪貼一下，跟著報紙罵就好了，但這不是她的性格，要她質詢什麼議題，她就非得弄懂不可。我說，你是裝了金頂電池，每天工作那麼多，跑來跑去的，都不會累喔？她笑稱自己大概是「工作狂」，不論是在民間進行倡議，或是在國會立法修法，透過自己專業為民服務，她很有成就感，鮮少感到疲憊。她的助理也是如此，每個都是拚命三郎（娘），某年開議第一天，英國辦事處派員到立法院拜會立委，其他委員辦公室都還在敲敲打打、布置裝潢，只有尤美女辦公室所有助理已經就定位忙著找資料、打電話，讓對方驚訝不已。

我繼續問尤美女，面對這麼忙碌的工作，又得面對政治場域的爾虞我詐，反同團體的抹黑造謠，難道都沒有過放棄的念頭？她認真思索了一會，進而說道：

「有些人碰到問題就決定走人，可是我不是，因為我捨不得，大家努力了這麼久，如果沒有人繼續做下去，不就前功盡棄了嗎？有時候面對一些事情，真的會很氣啊，每次碰到那種拍拍屁股就走的人，我都會想，你走的很瀟灑，爛攤子誰收？」

「所以你收過不少爛攤子？」

「對啊，好多事情都是這樣。有時我也會想，這件事跟我有什麼關係？我為什麼要在這裡收拾殘局？可是後來想想，如果每個人都這樣，事情怎麼會有進展？所以還是會撿起來做。有時團隊之間彼此會互相指責，我覺得與其花那個時間吵來吵去，我就想辦法去補救起來，就沒事了，」尤美女淺淺笑了起來，「我小時候經歷過八七水災，對於生命在眼前流逝、自己卻無能為力有很深的感觸，可能是因為這樣，現在我有能力了，就無法眼睜睜看著別人受苦，只要我做得到，就不會放棄。」

昔日尤辦法案助理、現任彩虹平權大平臺執行長鄧筑媛說：

「委員是個不輕言放棄的人，她或許不像某些委員，只要隨便看一眼助理準備的東西就可以上臺，長篇大論說個一、兩個鐘頭，她不是那種人，但是如果你願意找她合作，她絕對可以把這個議題守到最後。她很願意讓自己成為載體，成為別人發聲的管道，這不是每個人都願意做的事。我或許不像別人那麼『崇拜』她，但我是打從心底敬重她！」

尤美女對於自己認為對的、有意義的事很堅持，這樣的堅持，在某些人眼中更像是固執。二〇一四年因塑化劑及毒澱粉事件修改《食安法》，她抱著一整疊資料據理力爭，執意要由業者、而非消費者舉出司法證據，像錄音帶一樣重複講述，不厭其煩，與持有不同意見的司法院、法務部、國民黨團周旋許久，足足協商了九次對方才讓步。別人批評她既不知變通，更不懂政治，她聽了只是笑笑，從來不辯解什麼。

經過四年「菜鳥立委」的磨練，進入第二屆任期的尤美女對議事規則更加熟稔，對政治眉角也有更多體認。

例如她漸漸發現，立委角色的政治性大於法律性，有很多必須妥協的地方，認真守住法案的人少之又少，但也因為如此，只要有所堅持，就有發揮空間。她認為自己的專業是法律，這是她的優勢，等到法案進入委員會逐條審查，就是她一展長才的戰場，只是這個戰場常常只有她一個人，因為其他立委不是沒興趣審案，就是忙著跑攤去了。

就在尤美女與同婚修法小組如火如荼地進行討論之際，高層突然傳來訊息，表示蔡政府想兌現競選承諾，希望她能盡快提案。

尤美女既振奮又擔心，振奮的是，既然蔡政府力挺，法案過關的機會自然大增，但決定提案時間確實倉促，讓她隱隱有些不安。不過既然被交付了如此重要的任務，更是她心心念念的法案，在與同志團體商量之後，[1]她決定責無旁貸，全力以赴。

這次，她提出有別於上個會期的新版《民法親屬編修正草案》，內容一共五條，其中有三條與同性婚姻有關：

一、新增第九七一之一條，讓同性的婚姻當事人可以享有原來《民法》中賦予夫妻及父母的權利，當然也必須負起相關的義務。

二、修正第九七二條，讓同性雙方當事人可以像異性雙方一樣訂定婚約。

三、修正第一〇七九之一條，要求收出養機構及法院不得以性別、性傾向、性別認同或性別特質為由拒絕同志收養孩子，應回歸到兒童最佳利益的基本價值。

關於第三條，他們討論了特別久。按照現行異性戀的法律規定，父母子女關係的建立是透過自然生產，懷胎十月生下孩子的是媽媽，跟媽媽有婚姻關係的是爸爸，至於這個男人是不是孩子的生父，則未必見得，這在法律上叫「婚生推定」，也就是說，法律上認定是父親的人，未必與孩子有真正的血緣關係，所以法律規定

1 起初同志社群內部對於是否要進入異性戀婚姻制度不是沒有異議，但這些不同路線的辯論，在運動資源有限，以及反同團體勢力愈發強大的情形下，日後挺同力量幾乎悉數投入爭取婚姻平權的行列。

讓無血緣的父親可以提出「婚生否定」後，有血緣的父親可以認領。「婚生否定」的證據即是「血緣鑑定」，因同志一方與小孩間有可能真的無血緣，亦造成親子關係不穩定。同婚修法小組不斷討論，同志是否也可以使用婚生推定？就算兩個同性結婚，其中一人的孩子，他／她的另一半也理所當然的是他／她的孩子？雖然內部意見不盡相同，最後小組決定以「收養」來解決，大家多半也能接受。

就在尤版草案提出不久，發生了畢安生輕生的憾事。法國籍的畢安生是臺大外文系退休教授，生前與同性伴侶曾敬超在一起三十五年，共同擁有兩棟房子。曾敬超病逝之後，所有財產都歸曾家所有，他沒有了愛人，失去了房子，什麼都沒有了，不知該向誰抗議，經濟狀況陷入困境，決定跳樓自盡。

畢安生的學生、律師李晏榕寫下曾敬超在癌末時的情景：

C的家人趕到醫院，與醫師討論後決定讓C戴上高壓呼吸器，以維持他奄奄一息的生命。氧氣透過高壓打進C的肺臟，看得出來好痛，C緊皺眉頭，不斷地用力掙扎，用他殘存的力氣拚命抵抗，到最後護理人員只好將他的手以束帶綁住，這一切看在J與家人的眼裡，真的是於心不忍。

J心裡面明白，C是希望一切盡早結束的，「愈快愈好，」他說。然而，醫師的對口是C的家人，做決定的是C的家人，只因為J與C沒有結婚，他們在法律上，就是兩個不相關的陌生人。

就這樣過了三天，C走了。那一天，J在家裡，不願意進食，只不斷地喝著伏特加，昏睡，醒來，哭泣。J的名字，是畢安生。

這則哀傷的故事透過網路大量轉貼，才讓不少人赫然驚覺，原來同性婚姻牽涉的不只是「性」——如同反同人士不斷強調的性泛濫、愛滋病或人獸交，而是一個無比簡單的問題：他愛他，他也愛他，因為他們沒有結婚，他走了，他不能住在共同擁有的家。這麼單純的心願，在現實上就是這麼難解。

畢安生的死，凸顯了同性伴侶的困境，透過網友大量瘋狂的分享轉載，再次引發各界對同婚熱議。那年同志大遊行人數超過八萬人，除了朝野各黨團都派人參與，向來關心相關議題的尤美女、許毓仁亦到場聲援，歐洲經貿辦事處、美國在臺協會等九個駐臺單位也參與遊行相挺。遊行當天，蔡英文總統在臉書上說：

> 去年我在臉書上說：「在愛之前，大家都是平等的。我是蔡英文，我支持婚姻平權。」今年，雖然我的身分變了，但是我相信的價值沒有改變。
>
> 我相信，在不久的將來，立法院的所有委員都可以本著自己的信仰、價值、判斷，以及民意的走向，來針對修法自由地表達意見。不管結果如何，我都會尊重立法院的決議。
>
> 每個時代都會經歷一些磨練與挫折，才會找到新的方向與意義。
>
> 所有愛都是平等的，所有平等也都可以用愛來說服。我以前是怎樣，現在就是怎樣。
>
> 今天臺灣有彩虹。Keep on Believing.

畢安生驟逝造成的衝擊，以及蔡總統的公開表態，民進黨委員或因感覺高層對同婚的重視，就算未必支持，至少表面上沒有強烈反對。昔日堅決反同的國民黨團則是開放委員自行決定，因此尤版草案亦得到蔣萬安、李彥秀的連署支持。尤美女分析畢安生之死成為修法的轉捩點說：

「其實像畢安生老師這樣的案例不是第一次，已經發生過很多次，但如果社會的氛圍不到，無論發生多少次，都無法發生作用。那時同志團體當然非常憤怒，質問民進黨已經執政了，為什麼還讓這樣的事一直發生？這使得原本停滯的修法進度突然有了動靜。」

除了尤版草案之外，國民黨許毓仁委員及時代力量黨團亦提出相關草案。三個政黨均提出同婚法案，這是絕無僅有的事，顯然各黨都意識到這是大勢所趨，不想在這個議題上面缺席。

嚴格說起來，尤版草案與其他兩個版本並沒有太大差異，值得注意的是，唯有尤版草案在婦運夥伴秦季芳建議下，並沒有更動夫妻、父母、祖父母等稱謂，只在

《民法親屬編》總則中加入「第九七一之一條平等適用條款」，提到「同性或異性之婚姻當事人，平等適用夫妻權利義務之規定。同性或異性配偶與其子女之關係，平等適用父母子女權利義務之規定」，目的是讓不分性別的婚姻當事人，可一體適用既有的制度保障。

尤美女解釋增設「平等適用」原則，而不是逐一修改稱謂的用意：「只要確定平等適用原則，不論社會權、繼承權、婚姻權、或各種特別法中關於夫妻權利的部分都能適用，才能避免只因一條未修改到就被解釋成不適用。另外一個理由是，過去草案只要改變稱謂，就會造成反同團體強烈反彈，這次不更改稱謂，就是希望能降低他們的疑慮，何況稱謂是約定成俗的東西，看個人想要怎麼稱呼，並不會影響實際生活。」

尤美女、許毓仁及時代力量的提案比較如下：

	尤美女版	許毓仁版	時代力量版
第九七一之一條	同性或異性婚姻當事人，平等適用夫妻權利義務之規定（除民法第一〇六三條外）。	無	無
第九七二條	婚約應由「男女」當事人改為「雙方」當事人自行訂定。	同尤版	同尤版
第九七三條	將訂婚年齡修至一致，未成年人未滿十七歲者，不得訂定婚約。	同尤版	同尤版
第九八〇條	將結婚年齡修至一致，未成年人未滿十八歲者，不得結婚。	同尤版	同尤版
第一〇七九之一條	新增第二項：法院為前項認可時，不得以收養者之性別、性傾向、性別認同、性別特質等為理由，而為歧視之對待。	同尤版	無
稱謂	無	將民法中總計八十一條性別相異用詞修正為中性用詞	同許版

這三份草案先後通過一讀，不只得到超過半數委員支持，社會各界亦樂見其成。宗教界人士發起「支持同性婚姻立法連署」，鼓勵個人及社會「以負責任的態度看待婚姻與家庭，讓寬容、公平與自由，能成為國家法律欲促成並保障的社會共善」，連署人包括前玄奘大學社科院院長釋昭慧、臺大教授楊惠南、前玉山神學院副院長陳南州、臺灣神學院教授鄭仰恩等上百人。同志熱線、同家會、婦女新知、臺灣同志人權法案遊說聯盟、GagaOOLala等團體共同組成「婚姻平權大平臺」，與尤美女辦公室裡應外合，進行同婚合法化的政治遊說與社會倡議。

這是個風向轉動的時刻，尤美女就在現場，看著臺灣社會一步步走向同婚自由之路。就算她不確定前途是泥濘或是坦途，樂觀的她總是相信，所謂的路，取決於要如何邁開步伐的那一刻，一旦決定要去哪裡、要朝哪個方向走，只要不斷前進，就對了。

2 再戰立法院

三黨提出的婚姻平權草案一讀通過，讓反同團體大為緊張。這不是臺灣第一次推動同婚合法化，卻是最接近通過立法的一次，因為除了兩黨總召之外，委員會裡國民黨立委都連署了許毓仁版本，民進黨立委也都連署了尤美女版本，根據禁反言原則（原來支持法案的立法委員不能提反對意見），過關機率很高，而且尤美女又擔任召委，反同團體當然不敢大意，動作頻頻。

先是基督教國際火炬先鋒事奉關懷協會、中華世界大同幸福勞動聯盟等團體在十一月十二日、十三日夜宿凱達格蘭大道，要求以公投解決同婚爭議。火炬先鋒事奉關懷協會理事長忻底波拉[2]表示，同性結婚不具備繁衍後代的功能，不能稱之為

2 早在二〇一一年真愛聯盟反性平教育時，忻底波拉就在北區公聽會上說：「男與男、女與女這種不正常的性行為，在《聖經》上叫作逆性的罪，是會帶來咒詛跟靈魂的沉淪滅亡的。」現場一片錯愕。二〇一三年六月南投發生強震，忻底波拉在個人臉書貼文說：「正是神向臺灣發出的警訊！向臺灣敲的警鐘！」

婚姻，並再度指控「同性婚姻並非人權，是性解放運動」，前立委謝啟大到場聲援說，憑什麼讓少數同性戀來霸凌多數異性戀？並點名尤美女「做得太過分了」。

緊接著下福盟在凱道舉辦「婚姻家庭、全民決定」活動，指出同運團體的攻擊讓沉默的大眾不敢表達意見，希望透過這次活動喚起大眾注意問題的嚴重性。護家盟耗費巨資（據估計超過千萬）買下四大報頭版廣告三天，上面寫著「全臺家長站起來！捍衛下一代幸福！」稱婚姻制度的重大改變，應交由全民決定，不應該由少數「罔顧民意」的立法委員作主。他們積極動員打電話到立委辦公室占線，或包圍立委服務處抗議，逼得國民黨團軟性勸說立委不要出席委員會，以免讓外界誤以為國民黨支持同婚。

那時有消息傳出，反同婚團體遊說立委採取軟性杯葛，可能會以「先加開數場公聽會」、「等法務部提出版本再審」等理由阻擋法案進入逐條審查，以延長戰線。果然，十一月十七日司法及法制委員會審查會一開始，部分國民黨立委便集體強力杯葛，國民黨立委孔文吉、許淑華、賴士葆、黃昭順、林德福、張麗善等人都反對進入實質審查，孔文吉表示作為基督徒，他要表達「沉默多數」的聲音，提案先召開三十場公聽會再擇期處理；黃昭順則說，她雖簽署許毓仁的提案，也愛同志，但她「更愛家庭核心價值」，國民黨團總召廖國棟則認為行政院未提出自己版本，不能倉促進行實質審查。

召委尤美女及多位民進黨立委則認為，從二〇一二年以來已經開過七次公聽會，從來無法針對實質法條進行討論，如今再次要求加開公聽會，只是為了拖延法案審查，毫無助益。協商未果進行表決，民進黨占了席次優勢，公聽會提案遭到否決，廖國棟、孔文吉竟衝上主席臺拍桌大罵：「為什麼連開公聽會都不可以！」要求會議必須停止，鄭天財衝到前面把麥克風扯掉。民進黨幾位男性立委擔心尤美女被攻擊，連忙上前圍住她，雙方相互拉扯，爆發肢體衝突。這時有民眾出現在會議室門口，高喊「立委是怪獸」、「臺灣要變愛滋島」，隨即遭警察攔下。

上午會議就在吵吵鬧鬧中結束了。下午開始質詢，立法院外已集結了兩萬多名反同人士，他們多次高喊「衝進去」，聲稱是要進立法院上廁所，因為「上廁所是人權」，甚至有不少人跪求尤美女出面解釋，否則「要死給她看」。而後真有少數民眾突破封鎖衝進立法院，在議場後方的階梯上靜坐抗議，高喊「尤美女下臺」、「抗議」等口號，現場氣氛緊繃。

會議在詢答結束後進入逐條審查之前，國民黨違反上午會議決議，再次要求加開公聽會，尤美女透過助理詢問同志團體意見，他們堅持不能再開公聽會，希望尤美女堅持進入實質審查。眼見場外抗議民眾愈來愈多，情緒愈發激昂，立法院總務處長蔡衛民告訴尤美女，抗議民眾已經衝到門口了，可不可以盡快散會？我們擔心你有生命危險！為了避免混亂擴大，藍、綠雙方各退一步，國民黨不再堅持要開三十場公聽會，[3]民進黨也不再堅持一場都不能開，達成以下結論：先召開兩場公聽會，由尤美女和國民黨召委許淑華各辦一場，再進入逐條審查；各版本草案必須於本會期結束前在委員會審查完畢，會議在詢答結束後立即散會。沒想到尤美女才喊完「休會」，一名假冒記者的民眾衝向她，高呼「國父在你後面，你看到沒有？」及時被員警攔下。尤美女說：「臺灣最美的風景是人，請大家不要把這個最美的價值毀掉。」前來「旁聽」的前立委謝啟大拍桌嗆道：「反正最美的風景不是你！」「尤美女，你在怕什麼？」

散會之後，尤美女在數位警員的護送之下，步出了會議室。守候已久的反同群眾得知法案未通過審查，在場外大聲歡呼，集體下跪禱告並吶喊：「求主赦免我們、賜給我們力量，我們讚美祢。」才慢慢散去。

照理說，這次三個提案版本都得到跨黨派立委連署支持，為什麼審查會議還是吵成一團？

據瞭解，國民黨立委認為他們的支持者比較保守，尤其是中南部選民反彈很大，如果讓民進黨主導法案，對支持者無法交代；至於民進黨立委雖然未必反對，卻不像尤美女這麼急切想完成初審。不過尤美女擔心的是，如果這個會期沒有通過，接下來面臨二〇一八年縣市長選舉，同婚議題又會被操作成政治議題，勢必又

3 據悉，國民黨最後同意簽字是同志團體居中穿梭，找到國民黨的關鍵支持者，請他們退讓一步，才解決了僵局。見《雨過天青》頁一四七，彩虹平權大平台，二〇二一。

得無限延宕下去，要過關就更難了。

不過，這次國民黨默許自家立委連署尤案，顯見同婚議題在該黨已產生某種程度的「質變」。過去國民黨掌握國會多數席次，導致婚姻平權法案想要闖關的難度極高，這屆國民黨立委人數大幅縮減，年輕及新科立委比例上升，表態支持同婚的立委亦增加不少，黨團尊重個別委員立場，甚至「包容」不分區立委許毓仁積極挺同，情勢不是沒有翻轉的可能。

為了因應整體局勢的變化，反同團體在策略上開始刻意淡化宗教色彩，從過去「同性戀＝病態」的主軸，轉向強調道德層次的危機，主張反同婚是為了「維護家庭」「保護兒少」，努力將「教友」的形象轉化為「公民」。然而他們的官網及粉絲頁仍充斥著一貫的錯誤資訊，像是「支持同志婚姻等於支持亂倫與性濫交」、「同性婚姻法通過就會讓孩子不會叫爸爸媽媽」、「多元成家法案的下一步就是性解放」，這讓立委段宜康在臉書上回應道：

如果有人告訴你：《民法》修正案的婚姻平權條文，會改變現有家庭制度，會改變家庭稱謂，要嘛他們沒看條文，要嘛根本騙你。

尤美女版本的修正案，只增加了同性婚姻平等適用異性婚姻的規定。現有的家庭，不管是叫爸爸，叫媽媽，還是叫爹爹，叫阿娘，一點兒也不會改變，只是在家庭形態中，加上一種同性家庭。

太多編出來嚇人的謠言，四處流傳，其實都是因為反對的人，提不出正當的反對論點。他們不敢把心裡頭認定同性戀是病態、是該被撲滅的想法講出來，只好造謠來嚇人。……自己嚇死之前，先弄清楚確實的情況吧！

經過十一月十七日一場混仗，接下來的兩場公聽會，可以預料又是唇槍舌戰的場面。

十一月二十四日，第一場公聽會，挺同、反同代表輪番上陣，沒有太多交集，雙方誰也說服不了誰。護家盟祕書長張守一「如果同性可以結婚，那媽媽跟兒子結婚、澳洲有人想跟摩天輪結婚、美國有人想跟五十輛汽車結婚，是不是也都可以？」的發言，時至今日仍堪稱經典。[4]

這場公聽會上，代表反同的前立委謝啟大，以及代表挺同的釋昭慧法師的意見頗具代表性。

自從反同勢力匯聚以來，謝啟大始終積極參與，據傳十七日司法及法制委員會審查會上，有民眾偷溜進立法院會議室大鬧現場，與她以立法院顧問身分在委員會穿梭，與抗議團體裡應外合不無關係。[5]這次公聽會她代表反同團體發言，先是指臺灣同志人口是千分之零點二，只是人口中的少數，「難道我們要為了保障視障者行的權利，就把所有道路鋪上導盲磚，讓道路都變成那樣嗎？」「我們並非不保障少數人，但若為了保障少數人而破壞多數人的制度，是否有此必要？」她強調，結婚的義務大於責任，婚姻最大的功能就是繁衍後代，抨擊法務部沒有評估同婚的嚴重後果，「如果看到一隻蟑螂，後面其實有幾百隻蟑螂呢？是不是代表後面有非常多隱性的狀況沒有分析？如果我的孩子是同志，我會接納他；但如果我的孩子本來不是同志，有人影響他呢？」[6]她的「蟑螂說」一出，全場譁然。事後謝啟大澄清，她只是想凸顯修法以後會出現很多問題，大家以為只是小問題，就像一隻蟑螂，卻忽略了一隻蟑螂後面可能有一群蟑螂，並不是指同志是蟑螂，大家都誤會了。

在場反同人士一再強調，家庭是一夫一妻組成，同性婚姻是違反自然法則，破壞傳統。挺同方的釋昭慧回嗆，反同方聲稱同婚破壞傳統體系，問題是「我們不是一直在破壞傳統嗎？過去五代同堂，不可以離開父母，現在不是一夫一妻組成小家庭嗎？」她不滿坊間流傳危言聳聽的說法，例如說性平教育是要教育學生變同志，

4 摩天輪跟汽車不是《民法》的「自然人」，跟這些「物品」結婚，並沒有任何法律效力。

5 有新聞指出：「立院人士表示，今天最大的癥結點，就是被視為反同大將的前立委謝啟大以立法院顧問的身分，到委員會內穿梭，不斷與外面的抗議團體裡應外合，包括定期回報會議進度，提醒藍委集結，據傳謝還直接向法務部長邱太三關切，表達反同的立場。據透露，除了謝啟大外，還有反同人士，以親基督教媒體的身分到委員會內，藉由網路群組的方式，向反同團體不斷更新委員會進度。」見〈反同團體裡應外合　婚姻平權修法功敗垂成〉，《蘋果日報》，二〇一六年十一月十七日。

6 謝啟大的「蟑螂說」完整發言，見https://www.facebook.com/watch/?v=687486074742942。

要求反方批評之前先拿出證據，否則就不該隨便獵巫。至於有人質疑同婚合法化會讓異性戀變成同性戀，她霸氣反問：「那你會變成同性戀嗎？你不會的話，你擔心什麼？」並批評反同團體假設每個人都應該進入家庭，而且這個家庭只能是他們所定義的家庭，這是「強迫症！」「家的功能非常多，不要只認為是精子跟卵子的結合」，火力全開，炮火猛烈。

也有反同人士表示並不反對同婚，只是反對修改《民法》婚姻定義，如果另立專法，他們願意考慮。對此，國民黨立委許毓仁持反對意見，認為如果另立專法是區別化、差異化的做法，未來若是有醫療決定權、繼承權等爭議，同志仍必須以《憲法》訴訟至最高法院爭取權益，反而會耗費更高社會成本。

十一月二十八日，第二次公聽會，反同代表不再集中火力批評同婚是性解放、人獸交，而是強調「不反對同婚，反對的是修改《民法》」。雲林東勢長老教會許牧彥說，他反對修改《民法》是基於社會整體利益，而不是宗教信仰，如果同性戀可以遵守性忠貞，他非常支持，但必須要立專法，而且必須要跟性解放運動劃清界線。

裘佩恩律師則說，全世界只有少數國家有保障同志婚姻的法令，臺灣民情保守，不需要與世界立法趨勢一致，況且國外修正《民法》讓同性婚姻合法不是一步到位，都是先有《伴侶法》進行登記，臺灣為什麼要直接修《民法》？修訂《民法》之後，父母稱謂必須改變，會造成戶政機關困擾，若是另立專法則不會有這樣的問題。尤美女連忙補充說，她的版本並沒有更動稱謂，但反同方仍舊不為所動。

正式審查法案之前這段時間，反同婚與挺同婚團體各自動員，以壯聲勢。

十二月三日，下福盟號召民眾到總統府及凱達格蘭大道陳情，要求婚姻家庭的定義由全民公投決定，反對修改《民法》。那日現場氣氛十分激越，主持人先是要求民眾拿起手機，連上民進黨臉書同時按「怒」，並高喊：「尤美女！滾出立法院！滾出臺灣！」「把尤美女打出立法院！」「尤美女我唾棄你！」並把寫有尤美女名字的黑色氣球推出凱道。接著主持人逐一念出支持同婚的立委名單，點名到段宜康時還提醒他「不要在空曠的地方慢跑！」主持人也把矛頭指向藍營立委許毓仁，痛斥「國民黨對同婚議題立場是中立的，只有許毓仁不服從團體決議，最痛恨這種人！」

最後引導大家唱〈甜蜜的家庭〉，並憤怒聲稱如果《民法》修法通過，以後連這首歌都不能唱了。

十二月十日，婚姻平權大平臺在凱道舉辦「讓生命不再逝去，為婚姻平權站出來」音樂會，吸引了二十五萬人參加，人潮一路從凱道蔓延到中山南路上，是臺灣有史以來最大規模的支持同志活動。現場除了邀請多位歌手表演，也有同志爸爸、媽媽牽著孩子一起現身，表達力挺同婚的態度。尤美女、段宜康等立委應邀上臺，尤美女還沒開口，支持吶喊聲便不絕於耳，主持人笑說：「男同志看到美女，性向立刻改變，這就是護家盟說的性傾向流動！」引起一陣哄堂大笑。尤美女明白表示她支持直接修《民法》，並允諾年底會讓法案出審查會逕付二讀，期待明年就能讓同志朋友結婚，現場立刻響起一片歡呼聲。

那陣子挺同、反同團體高頻率與高強度的動員，不論是實體抗爭或網路戰爭，弄得大家都疲累不堪，人仰馬翻。如此頻繁的造勢，究竟是展開了對話？或者是激化了對立？中山大學教授陳美華如此分析：

（反同與挺同）兩極化的對立表面是雙方表意自由，但其實是全面執政的民進黨與政策高層只想觀風向，不願承擔政黨政治責任的結果。臺灣人民選擇讓民進黨全面執政，不只是厭惡國民黨長期來決策蠻橫、一意孤行的惡慣，也是對新的政治過程、社會文化與生活方式的期待和價值選擇。但截至目前為止，整個民進黨的表現令人失望……九七二修法爭議，執政黨似乎忘了它的政治責任，恰恰是因為它不願承擔政治責任兌現蔡英文的政治承諾，導致今天正反兩方陷入一再比拚人氣、強化對立這種比大小、消耗社會資源的叢林法則。民進黨這種不作為、聽任雙方對峙激化的施政模式，不僅不負責任，而且非常不厚道。當在公領域展現人氣與支持度變成執政黨政治決斷的核心指標時，公開說服、論理對話似乎也就相對地失去吸引力與重要性，彷彿人多勢眾歪理都可以扶正。[7]

7〈良善的民主政治不是比大小〉，陳美華，《蘋果日報》，二〇一六年十二月十二日。

身兼民進黨主席的蔡英文總統數次公開力挺同婚，為何此時卻不願明白表態？根據多份民調顯示，反同民眾至少有百分之三十以上的支持率，部分民調甚至出現挺同、反同不相上下的結果；另外，年輕選民及北部民眾支持同婚者較多，年長選民及中南部民眾反對同婚者較多，魚與熊掌，如何得兼？可見整體社會對同婚這個議題尚無共識，若不是民眾仍對同志、同婚心存偏見，就算有再多的假消息，也未必能讓他們產生恐慌，擔心傳統家庭觀念遭到破壞。

這就是蔡總統與民進黨政府面臨的困境：如果勇於落實選前承諾，可能會面臨選票流失的危險；如果不積極支持同婚，卻可能遭到挺同人士的唾棄。

反同團體企圖罷免時代力量的挺同立委黃國昌，打擊挺同勢力。安定力量聯盟[8]主席孫繼正透過教會系統在黃國昌選區汐止動員，到他的服務處及家門口抗議，一再宣稱「爸爸媽媽會不見」、「父母變成雙親一、雙親二」等老套說法。外界質疑安定力量的罷免案是選舉操作，孫繼正強調自己及安定力量成員不會投入選舉，也不會助選，但在罷黃案失敗次年，孫繼正宣布參選新北立委，並再度劍指黃國昌高喊「黃國昌嘜走，直球對決」，最後以不到三千票的得票數落敗。

十二月二十六日，司法及法制委員會首度逐條審查，這是修法的關鍵時刻。審查過程中又有反對民眾闖進會議室，高喊「尤美女下臺」，隨即被警方帶出場。國民黨立委賴士葆發言痛批法案全民沒有共識，總統、閣揆不敢提出行政院版，就是不敢承擔。國民黨團總召廖國棟說，法務部明明有專法版本也不敢提，根本就是縮頭烏龜，並主張應另立專法、交付公投。雖然朝野意見並不一致，尤美女評估最重要的是在這個會期之前讓法案出委員會，事前許毓仁、黃國昌也已同意支持以尤版草案為主，最後朝野簽字同意通過尤版並融合許毓仁版及時代力量版重疊部分合併審查，加上民進黨立委蔡易餘增訂「同性婚姻」章節的草案，一併送出委員會，並同意在下個會期、也就是二〇一七年朝野協商前，任何相關法案也一併送入朝野協

8 安定力量聯盟成立於二〇一六年十二月，由孫繼正擔任主席，游信義為祕書長。十二月二十四日，聯盟在新北市汐止區發動罷免支持同性婚姻的立委黃國昌失敗，後獲內政部正式立案，轉型為全國性政治團體。二〇二二年八月十五日內政部公告解散。

商。

這次通過的修法版本，最具平權象徵的應該是尤美女版本中《民法》九七一之一的「平等適用條款」初審通過，並納入《民法親屬編》的通則，使同志家庭權益可以獲得全面性的法律保障。另外，在訂立婚約的《民法》第九七二條中，委員會採納立委郭正亮的修正動議，保留原條文「婚約，應由男女當事人自行訂定」，新增第二項「同性婚約，由雙方當事人自行訂定」，以降低反同婚團體反彈。收養部分，初審條文加入反歧視條款，法院在收養認可時，不得以收養者性傾向、性別、性別特質等理由歧視對待。

中午十二點七分，司法及法制委員會由主席尤美女宣布草案逐條審查通過，立法院外挺同群眾響起一片歡呼聲。尤美女、段宜康、許毓仁、林靜儀等人在警方重重保護下，步行到挺同團體活動會場，受到民眾夾道揮舞旗幟歡迎。尤美女站上舞臺，緩緩說道：

「今天，臺灣的婚姻平權又往前邁進一步，但這一小步的後座力很強，隨時會被拉回去……未來幾個月，希望大家好好跟長輩們溝通，因為所有的誤解來自於不理解，來自混淆的負面宣傳印象……」她也向反同婚群眾喊話：「通過同婚不是世界末日，所有異性戀規定沒有更動，只是開大門，讓同志真實表達感情，在法律的建構之下，大家能夠擁有幸福、生養小孩，共同建築美好未來！」

國民黨立委許毓仁亦難掩興奮之情，說：「婚姻平權這條路，臺灣走得又長又孤單，同志這十幾年在黑暗隧道，期盼盡頭看到曙光，大家不放棄堅定，應該給自己鼓掌。」「今天婚姻平權跨越黨派走到這一步，這是一小步，卻是臺灣人權一大步，婚姻平權是彰顯臺灣進步價值的最好典範。」

聚集在中山南路的反同群眾群情激憤，直往凱道的總統府衝去，警方緊急調來鐵絲拒馬將群眾隔開，試圖安撫他們的情緒。他們怒嗆「小英禍國殃民！」直到府方接見團體代表後才逐漸散去。長老教會牧師蔡維恩說，教會已退讓到願意另立專法，蔡英文仍放縱尤美女主導通過修法，讓人失望。

無論如何，這是立法院首次逐條審查相關法案，也是臺灣首次有《民法》增列同性婚姻的草案送出委員會。尤美女難掩興奮在臉書貼文說：

今天同婚法案通過委員會審查，雖然只是一個中途站，但卻是在各界長期的努力下、得來不易的成果。

十年前，蕭美琴委員提出我國第一個同性婚姻合法化的法案，當時在國民黨部分委員惡意的程序杯葛下，遲遲無法進入院會一讀。二〇一二年我提出的《民法》修正案以及二〇一三年鄭麗君委員的提案，幸運通過一讀，也在委員會完成詢答、舉辦過兩場公聽會，但卻在進入條文審查時因出席委員人數不足而流會。

一九五八年即有女同志探詢結婚可能的紀錄，一九八六年又有祁家威和其同性伴侶向臺北地院公證處請求公證結婚，過去近一甲子以來，同性伴侶對婚姻的訴求不絕，目前更已經有上千對同志伴侶共同生活、上百個同志家庭共同養育孩子。這是我們社會的真實情況，有這麼多的家庭因為欠缺法律保障，而無法承受任何意外。
法案出委員會後，還有朝野協商、二讀、三讀。曙光乍現，但雲靄仍未散去，我們還要持續同行、持續努力，直到迎來虹霓。

最難的第一步總算是踏出去了，同志微小的盼望，像是露出了曙光。

六、被侵犯的尊嚴

1左打同婚，右打性平

二〇一七年開春，傳來令人振奮的好消息，司法院決定受理祁家威的釋憲聲請案了。

祁家威早在一九八八年申請與同性伴侶結婚被拒時，便聲請大法官釋憲，但沒有成功。十多年後他再度申請登記結婚又被拒，伴侶盟以祁家威代理人身分聲請釋憲，直到二〇一七年才獲得受理。另外，二〇一四年，伴侶盟曾號召三十對同性伴侶前往戶政機關登記結婚遭拒，有三對同性伴侶提起行政訴訟，登記主管機關的臺北市民政局提出釋憲聲請，這次大法官會議決定同時審理祁家威及臺北市政府的釋憲案，大法官黃瑞明因妻子尤美女正在推動同婚立法之故，先行聲請迴避審理此案。

尤美女等人提出的法案已通過初審，仍須交由立法院二讀。由於釋憲結果可能為法案的二讀定調，甚至影響是否排進議程，眾人對這次釋憲有很深的期待。

釋憲是人民以司法途徑主張權利的最後防線，也是婦女團體推動修法的重要途徑。一九九四年，婦女新知基金會等團體針對性別不公的《民法》婚姻法制推動釋憲運動，大法官於釋字第三六五號解釋第一次宣告《民法》第一〇八九條父權優先條款違反男女平等。日後的釋字第四一〇號解釋針對夫妻財產、釋字第四五二號解釋針對夫妻住所，也都陸續宣告相關規定定期失效，促使立法院修正《民法親屬編》男女不平等相關規定。這次大法官做出受理同婚的釋憲決定，無疑是讓同婚法制化之路更近了一點。

可以預料的是，反同方依舊持續強力動員，透過各種管道在釋憲結果出爐之前阻止修法。尤美女記得，自從法案排入議程之後，她的辦公室連續兩週，天天早上八點就開始有抗議電話，甫開口就是一頓痛罵，而且內容就像錄音機一樣，全部都一樣，八個助理每天光是接電話就接到手軟，甚至有助理因壓力過大昏倒，讓她自責不已。

尤美女要面對的問題還不止於此。民進黨內對修改《民法》或另立專法看法不一，黨團LINE群組亦有不少雜音，挺同團體對法案停滯的不耐，總召柯建銘的頻頻「溝通」，在在讓她感受到巨大的壓力。不過她很明白，要讓外人瞭解同婚的意義有多麼困難，因此當長老教會總會性別公義委員會提出邀請，希望她能向教會人士說明同婚法案時，明知可能遭到強烈抨擊，她抱著「不入虎穴焉得虎子」的心情，立刻點頭同意，她不想放過任何可能溝通的機會。

第一場座談在臺北市濟南教會舉辦。警方前一天接獲情資，聽說有激進人士打算阻止尤美女踏進教會，並揚言對她不利，希望她打消念頭。以尤美女的個性，當然不可能同意，回憶那次經驗，她說：

「警察事前去場勘，發現教會空間是開放式的，沒有隱蔽的地方。他們跟我辦公室主任沙盤推演了半天，下午兩點的演講，要我早上十點就去，躲在一個小儲藏室，事前把雜物清理打掃乾淨，中午又幫我準備便當，不讓我出去吃飯。他們擬了好幾個計畫，其中一個是演講結束抗議人潮太多的話，女警會假扮成我走出來引開抗議民眾，我再戴上太陽眼鏡、帽兜跟口罩從另一邊離開。我坐在儲藏室一個早上，拚命問警察說，外面有沒有很多人？問到下午一點多，警察才跟我說，只有小貓兩三隻。後來我跟助理說，我覺得我好像〇〇七！」說起這事，尤美女哈哈笑了起來，難得輕鬆的模樣。

經過這些年的磨練，尤美女對同志議題的論述愈來愈豐富，從街頭講到教會不停宣說，慢慢發現不少人是基於錯誤訊息而反對，只要讓他們瞭解正確資訊，就不會視同婚為洪水猛獸，就算她無法說服對方，至少能讓他們不那麼尖銳。這次北、中、南三場與教友的座談，仍有人對同婚懷有疑慮，尤美女總是不急不徐，逐一回應。有牧師批評「挺同立委有陰謀要把臺灣帶向性解放」，她平靜回覆：「非常抱歉，目前我們並沒有這樣的計畫，只是就法論法，替同志權利著想。」有教友質疑同志大遊行不該提出通姦除罪化、大麻合法化、多P等主張，尤美女解釋，遊行是不同團體組成的，其中有保守的，也有開放的，無論少數人喊得多麼天花亂墜，那些激進主張不會成為主流，更遑論成為法律制度，況且幾個草案都只修《民法》，並未更動《刑法》，不同議題應回到議題本身去思考，不應混為一談。面對強烈分歧的意見，她總是能保持柔軟，不沉溺於個人意見，與會人士也多半能夠接受。

在臺南神學院的座談，意外出現一段插曲。長老教會臺南中會牧師机嘉勝、國民黨議員王家貞、林燕祝與百位民眾包圍教會，在外面拿著大聲公叫囂，要求尤美女出面收下陳情書，尤美女欣然允諾，表示：「我知道了，不管是在公聽會、立法院或行政院，都有聽到你們的聲音，我會再仔細考量。」沒想到机嘉勝臨時將陳情書改成抗議標語，尤美女有點意外，仍很有風度地接過來，事後机嘉勝將她手持「同志教育退出校園」標語的照片貼上臉書，稱：「今天尤美女態度改變了，她說：同志教育退出校園！」有網友出示陳情全程錄影，[1]證明尤美女並沒有反對同志教育，

1 尤美女接受陳情影片的完整紀錄，見https://www.youtube.com/watch?v=cwxeuvhGZog。

机嘉勝仍堅稱自己沒有說謊，卻隨即撤下貼文。

那段日子頻繁地面對反同人士的造謠抹黑，叫囂謾罵，乃至人身安全的威脅，難道尤美女從來都不害怕？我問過她這個問題，她仍是一派雲淡風清：

「不會啊，我覺得臺灣人還算滿理性。以前沈美真救援雛妓，王清峰協助慰安婦，也沒受到安全死亡威脅。國外就不一樣了，有替婦女墮胎的醫生被反墮胎人士槍殺。我通常不會跟人激辯，我是願意跟人家講理的人，即使面對的是非理性的人，我也可以理性溝通，只要不激怒對方，我覺得還OK，後來也還好，沒發生什麼事。只是我每天早上出去運動，路線很固定，助理擔心有人埋伏對我做不理性的舉動，不過也還好，就是有人在路上跟我陳情說，尤美女，你怎麼可以提這種法案？我笑一笑，就沒事了。」

同婚這條路該怎麼走下去？黨內、外咸認為蔡總統的態度至為關鍵，頻頻試探風向。那陣子各種小道消息頻傳，有人說蔡總統接見宗教人士時抱怨「修法進度超出想像」、「衝得太快了」，也有傳聞南部立委抱怨同婚鬧得天下大亂，蔡總統脫口而出：「你們不要再來跟我抱怨了，我的壓力也很大！」「這陣子，我姊姊一天到晚打電話給我，她們也反對啊！」總統府澄清總統從未有過相關發言，仍有挺同人士按捺不住，揚言要銷毀選前蔡總統推出的募款彩虹卡，婦女新知亦要求蔡總統說明兌現婚姻平權政見的做法與時程，「不要在賣彩虹卡時才跟同志同盟」，顯然大家的期望有多高，失望就有多大。

尤美女相信蔡總統是真心支持同婚，但臺灣不是獨裁國家，任何重大政策不是國家領導者說了算，就算蔡總統有心促成，黨內有諸多雜音，多數民眾也未必支持，她不可能不考慮社會環境是否有足夠配合的條件。但尤美女覺得既然蔡總統挺同是事實，現在又是修法的最佳時機，不待此刻，更待何時？趁著一次蔡總統與不分區立委餐敘的機會，她主動建議這個會期處理婚姻平權法案，蔡總統客氣表示，「今天沒有時間談這個問題。」尤美女不死心，找了空檔又提了一次，蔡總統又說了一次「我剛剛不是說了，今天沒有要談這個問題」，顯然無意在此時挑起紛爭。事後有人稱尤美女「大膽」，也有人說尤美女「白目」，她自己是怎麼看的？

「我當然知道別人覺得我很白目，認為我幹嘛沒事去捅馬蜂窩？可是我忠於自己的信念，既然是對的事，就應該往對的方向去做！」尤美女肯定說道，「這種爭議性的議題，只有在沒有選舉的時候才有可能處理，等到下個會期，大家又要開始準備二〇一八年的六都縣市長選舉，後面又要準備二〇二〇的總統及立委選舉，就不可能再談了……所以最好的時機，就是這個會期，我當然要爭取！」

就在尤美女為修法積極奔走之際，與尤美女密切合作的婚姻平權大平台也在為釋憲案進行遊說。他們參考美國聯邦最高法院開放民間提供「法庭之友意見書」的做法，邀請精神醫學、心理、法律、社工、教育、政治、性別研究、公衛等專家學者撰寫文件，提供給憲法法庭作為審理參考。反同團體「臺灣公民權團」[2]質疑，司法院提出釋憲案「時機過於湊巧」、「憲法法庭預設立場，只有正方，何來辯論？」要求擔任大法官之前表態支持同婚的許宗力、黃昭元應適時迴避，否則釋憲結果將無法取信於民。

反同團體一面質疑大法官立場，一面進攻性別平等教育戰場。有家長組成「全國家長會長聯盟」與宗教團體串連，陸續發動性平教育攻勢，遊說議員施壓地方政府修改性平教材，臺中市、新竹縣及桃園市議會陸續通過部分提案，反對中小學課綱或課本出現「多元性別」及「性別光譜」等教材，但這些提案不是正式法案或自治條例，僅具有建議性質，並沒有實質約束公部門的效力。反同團體並以「臺灣家庭協會」名義成立全國性團體，進軍全國各級政府機關及校園性別平等委員會，除了打算攻下性平委員席次，也提案修改性平教材，意圖爭奪「性別教育」話語權，影響決策。

事實上，教育部、媒體與諸多學者專家已多次將性平教材攤開供外界檢視，證明並沒有反同人士口中那些駭人聽聞的內容，但仍有不少家長敵視那些可驗證的事實，視虛構的故事與謊言為真相，就像心理學家所說的「虛幻真實效應」（illusory truth effect），人們傾向於因為一再重複收到的訊息，而相信它是正確的。當然也有

2 現已查不到臺灣公民權團相關資訊，應是臨時組織。

另一種可能，就是這些家長或許也懷疑過性平教材是否如此駭人，但是他們寧願相信這樣的說法，因為這些說法道出他們內心的惶恐與疑慮，讓他們「選擇相信」，使得相關的討論始終偏航，無法基於事實基礎進行溝通。

什麼時候，我們的社會能不再被恐懼、仇恨、造謠生事的言論，影響對價值的判斷，回歸真正的討論呢？

2 釋憲風暴

三月二十四日，同婚釋憲案在上午九時召開憲法法庭，展開言詞辯論。這場被視為亞洲國家第一場正式處理同志婚姻的攻防戰，吸引了無數網友收看直播，影音內容創下一萬兩千多次的點閱紀錄，一度造成司法院網站大當機。

這次聲請方是祁家威及臺北市政府，關係機關包括法務部、內政部及萬華戶政事務所，鑑定人有陳愛娥、張文貞、陳惠馨、劉宏恩、李惠宗及鄧學仁等六位法學學者。十五位大法官除了尤美女的夫婿黃瑞明迴避之外，其餘十四位皆出席，就《民法》第四編親屬第二章婚姻規定「使同性別二人間不能成立法律上婚姻關係」的聲請解釋案。四大爭點包括：

一、《民法》第四編親屬第二章婚姻規定是否容許同性別二人結婚？

二、答案如為否定，是否違反《憲法》第二十二條所保障婚姻自由之規定？

三、又是否違反《憲法》第七條保障平等權之意旨？

四、如立法創設非婚姻之其他制度（例如同性伴侶），是否符合《憲法》第七條保障平等權以及第二十二條保障婚姻自由之意旨？

在這場三個多小時的辯論中，大法官對在場的鑑定人、聲請方代理人及相關機關提出的問題，是同婚議題的幾個核心，那就是：婚姻制度的本質是什麼？「潛在的生育能力」是否可以作為國家只讓異性戀結婚的理由？傳統婚姻是否就是「一男一女」？同性婚姻是否一定違背「公共秩序」、「公共利益」？

祁家威的代理人、伴侶盟理事長許秀雯律師指出，如果大法官以《民法》無明文禁止同婚而做出合憲解釋，那就應該宣布一九九四年法務部的函釋無效；如果大法官就文義及歷史解釋，認為《民法》禁止同性婚姻，那就違反了爭點二、爭點三提到的《憲法》平等權及婚姻自由權，應被判定違憲。臺北市政府代理人廖元豪教授也大抵認為如此，因現行《民法》在正常解釋下並不包含同性婚姻，就第二個及第三個爭點來說，已牴觸《憲法》第二十二條及第七條保障的婚姻自由及平等權，應宣告違憲。

兩位聲請人的看法相當一致，然而始終堅持先通過《同性伴侶法》的法務部長邱太三卻對修改《民法》有所疑慮。他認為《民法》難以導出容許同性別兩人結婚的結論，不認為婚姻自由是《憲法》列舉的基本權利，也認為現行《民法》並不違背《憲法》第二十二條。他指出，現行《民法》限於一男一女的婚姻規定，是立法機關斟酌事實做出的「合理的差別待遇」，並不違背《憲法》第七條所保障的平等權。他還提到，「立法形成自由」是指在三權分立之下，司法應尊重立法者意見，將部分事情交由立法者形成，並以此進一步闡述爭點四，認為在無損婚姻及其他公共利益的前提下，給予其他制度的法律（如《同性伴侶法》）保障也屬「立法形成自由」，並不違反平等原則，也符合《憲法》第二十二條所保障的基本權利，主張同性伴侶制度合憲。

聲請方並不滿意邱太三的說法。廖元豪問邱太三說，既然他認為伴侶制度在「不危及婚姻及公共利益」的狀況下可以做，那麼修改《民法》將同性婚姻法制化又會影響什麼公共利益？造成那些不良影響？邱太三先是說修改《民法》影響的不僅是《民法》，對重婚罪、通姦罪都有影響，勢必對家庭婚姻造成衝擊，「我們數千年來沒有同性婚姻機制」，然後話峰一轉提及自己過年祭祖時有長輩問他，如果同性婚姻合法，祖先牌位該怎麼寫？是兩個都寫考考？還是妣妣？未來訃聞上要寫媳婦還是女婿？

事後有媒體以〈執政一年，民進黨究竟抱持什麼價值？〉[3]一文，提及「未來，

3 見《聯合報》二〇一七年三月二十七日社論。

人們想起臺灣的同志婚姻釋憲案，法務部長邱太三恐將以『妣考邱』贏得奇異的歷史定位」、「選擇以祖宗稱謂『考考妣妣』的民俗衝擊表示反對，卻未以部長的高度論及法律調適、人權與宗教的衝突等核心議題」，讓邱太三強力回擊：「媒體可以有自己的立場和態度，但是最重要的，絕對不能顛倒是非、惡意指摘，或只是睜眼說瞎話。」

到底現行《民法》規定是否違憲？《同性伴侶法》是否合憲？幾位鑑定人有不同意見。

陳惠馨、張文貞及劉宏恩等學者認為，現行《民法》相關規定已違憲，陳惠馨認為制定《同性伴侶法》反而是對婚姻制度的破壞，將同性婚姻納入《民法》才是對婚姻的保障，主張直接修改《民法》。張文貞則指出婚姻權和婚姻自由是《憲法》基本權益，排斥同性婚姻已然違憲，而「立法形成自由」的界線便是人民基本權利，若採《同性伴侶法》仍無法保障基本權利。

陳愛娥及李惠宗兩位教授則主張現行《民法》相關規定並不違憲，可透過婚姻以外的法律增強對同志的保障。陳愛娥比較美國與德國有關同婚的差異，指出美國聯邦最高法院認定婚姻是一種自由，視婚姻為個人權益的保障，德國則把婚姻視為一種制度，從婚姻制度核心是否為異性婚姻來審查是否違憲，不失為一種選項；李惠宗則主張法律是針對通常現象，由於通常現象是異性婚，因此現行法規並不違憲，目前欠缺的是針對同性戀者的制度保障，這是嚴重的立法懈怠，有違憲之虞，可考慮透過法律保障補足。

尤美女全程在線上觀看辯論庭，並出席婚姻平權大平台線上直播的最後評論。她認為大法官的發問、鑑定人的評述，都展現了民主國家理性思辨的精神，臺灣能走到這一步很值得驕傲。但她還是強調，同志能否結婚涉及《憲法》第二十二條的婚姻自由是人權保障的問題，而人權是《憲法》保障的權利，不能透過多數決來決定，大法官本來就負有不能懈怠的解釋責任，婚姻衍生的相關制度則是衡量保障人權之下，牽涉到制度性設計的立法決策問題。至於邱太三的發言，她認為可能是限於職權和立場，沒有展現出應有深度和高度的論辯，容易造成社會混淆的說法；況且讓同志享有婚姻自由，不會影響異性戀者既有的權利與生活，他的說法是自失立場。

下福盟對這場言詞辯論十分不滿，發表措辭強烈的聲明稿：

婚姻家庭應全民決定，並反對由少數大法官來決定適用於全民的婚姻制度。倘若大法官宣告現行《民法》違憲，是否有侵犯立法權之疑慮？《民法》之婚姻制度，係立法院在社會演變過程中所制定之規範。法務部也曾表示，法律是經由社會演化、凝聚共識所形成。

目前世界上雖有二十三國已通過同性婚姻，但幾乎都集中在西方國家，除了南非，這些國家皆無一步到位，歷經長期社會民主溝通程序，並採階段性立法。目前在華人社會中，並無國家通過同性婚姻，臺灣亦不宜逕由大法官解釋宣告現行《民法》違憲，讓同婚合法化，恐讓社會衝突增溫。

今日之言詞辯論庭未能反映同性戀族群內部之多元意見及需求。在社會對同性婚姻欠缺共識之前提下，若大法官冒然宣告現行婚姻制度違憲，或立法者在欠缺社會共識之前提下通過同性婚姻，不論對一般國民或同志族群，均將造成傷害。

由於釋憲將牽動立法院後續走向，反同團體在釋憲結果出爐之前，天天到司法院門口報到，抗議大法官釋憲是「司法權僭越立法權」。尤美女對這樣的說法感到詫異，她說：

「大法官是解釋『婚姻權利與自由』是否是《憲法》第二十二條所保障的自由與基本權利，如果是的話，現行《民法親屬編》裡面並沒有對這部分的規範，這是否違反《憲法》第七條的『平等權』？如果大法官肯認同性婚姻權利是《憲法》的權利，那麼對這樣的權利應該用什麼樣的方式、制度來保障，這個部分才是立法院的權力。所以司法權與立法權是非常清楚地劃分，並沒有司法權僭越立法權的問題。」

釋憲與立法，究竟哪一條路距離同婚合法化比較近？答案沒有揭曉之前，沒有人知道。眾人唯一能做的，只有等待。

五月二十四日，司法院終於公布眾所矚目的釋憲結果：大法官針對同運人士祁家威、臺北市政府聲請的同性婚姻釋憲案，做出釋字第七四八號解釋，宣告現行《民法》未保障同性婚姻，違反《憲法》第二十二條保障婚姻自由與第七條平等權，相關機關應修正或制定法律保障同性婚姻，若兩年內未完成，同性伴侶可直接到戶政機關登記結婚。美國《紐約時報》在〈十七件發生在二〇一七年的第一次〉[4]一文，把「臺灣法院贊成同志婚姻」列在當年全球發生的重大事件首位。

為什麼大法官會議做出這樣的解釋？大致可歸納成幾個重點：

一、同樣性別的兩人為了經營共同生活的目的，成立具有親密性和排他性永久結合關係，既不影響不同性別兩人適用婚姻相關法律，也沒有改變異性婚姻建構的社會秩序；而且同樣性別兩人的婚姻經法律正式承認之後，更能與異性婚姻共同成為穩定社會的基礎。

二、性傾向是難以改變的個人特徵，它的成因包括生理和心理因素，生活經驗和社會環境等。目前世界衛生組織、泛美衛生組織及國內、外重要醫學組織均認為，同性性傾向並不是疾病。過去同性性傾向者無法見容於社會傳統及習俗，長期在生活及法律上受到排斥或歧視，他們在人口結構上是屬於少數被孤立的族群，又受制於外界刻板印象，是政治上的弱勢，很難期待透過一般民主程序扭轉他們在法律上的劣勢地位，這就是為何我國憲政體制採行五權分立，當行政與立法怠惰，少數族群的基本權益未受保障時，司法權須適時介入的必要原因。

三、《民法》婚姻章裡並沒有規定異性兩人結婚必須有生育能力，也沒有規定結婚之後不能生育或沒有生育就判斷婚姻無效，也就是說，繁衍後代並不是婚姻不可或缺的因素。所以，相同性別的兩人無法自然生育子女，與不同性別兩人不能生育、或沒有生育的結果是一樣的，以無法繁衍後代為理由不讓同性兩人結婚，顯然不是合理的差別待遇。

4 見https://www.nytimes.com/2017/12/04/opinion/first-time-2017.html。

解釋文明確表現出大法官對婚姻平權的態度，尤其上述第二點指出同志長期受到忽略、壓迫、排擠、歧視的事實，令人動容。

不過，也有大法官持不同意見。

大法官黃虹霞在〈部分不同意見書〉中表示，同性伴侶有權自主決定是否相戀、相互扶持，法律也應該對同性伴侶的關係提供保障；她也同意年滿二十歲的人，依法有完全行為能力，有權自主決定要不要結婚、與誰結婚。但是她不同意這次解釋文中關於「婚姻自由」部分的論述，根據七四八號釋憲文，同性戀伴侶與異性戀伴侶沒有差別，社會大眾不能以「是否有生兒育女的能力」來區分同性戀和異性戀，但黃虹霞認為，釋字第五五四號解釋開宗明義揭示「婚姻及家庭是社會形成與發展的基礎」，如果不可能自然生育子女的同性伴侶，怎麼能提供社會形成與發展的基礎？婚姻章是《民法親屬編》其中一章，由它的立法體例就可以知道，婚姻是親屬關係的根本，所有親屬關係都因婚姻關係而衍生，而婚姻衍生親屬關係的常態表現方式，不正是因婚姻而自然生育子女嗎？

大法官吳陳鐶則是提出〈不同意見書〉，理由包括臺北市政府的聲請不合規定，因「受理本件臺北市政府之聲請，有違權力分立原則，使本院淪為各行政機關法律諮詢機構之角色」。他主張《憲法》保障的婚姻自由限於一夫一妻，是否變更涉及整個社會及文化價值觀的變動，不應一味地仿效別的國家，應由立法院經由立法程序決定。吳陳鐶也認為，現行《民法》規定婚姻以一男一女為限，大法官多數意見認為婚姻自由不限於一夫一妻的婚姻制度是邏輯謬誤，同性婚姻不是普世保障之人權，至於是否要變更婚姻定義，應透過直接或間接民主決定。

釋字第七四八號解釋確實是邁向同婚的勝利，不過大法官會議只做出「保障同性結婚」的解釋，並在釋憲文裡留下「至於以何種形式達成婚姻自由之平等保護，屬立法形成之範圍」，等於把立法問題交由有關機關處理，並在解釋理由書裡提出幾種方式，例如修正婚姻章、於《民法親屬編》另立專章、制定特別法或其他形式。尤美女認為，從解釋文可以清楚看出大法官的意思：若要符合平等精神，就應該修改《民法親屬編》，至於解釋文裡提到要以哪一種制度保障是屬於立法權，那是針對「婚姻」所做的解釋，所以另立《同性伴侶法》已經不符合平等精神，主張立法院應速戰速決，讓《民法親屬編》修正草案盡速二讀、三讀，否則兩年之後同婚自動生效，反而會更為混亂。

同性婚姻是重大議題，更是複雜的社會價值改造，面對各界的質疑，要如何繼續對話及溝通是更重要的事，尤其該如何處理「民法派」與「專法派」的爭議，更是一大課題。

早在二〇一六年兩場公聽會之後，護家盟等團體即改變策略，要求不修改《民法》，應另立專法，民進黨團總召柯建銘也說「專法是選項之一」，有人解讀此舉是與反同團體遙相呼應，引起挺同團體強烈反彈。從此，挺同團體高喊「民法不修，歧視不休」，堅持修改《民法》；反同團體則堅決表達同性與異性婚姻的差異，要求另立專法，雙方壁壘分明。網路上甚至出現「民進黨中央已經與尤美女溝通好」、「尤委員會做出專法為最適合版本的決議」的流言，尤美女不得不鄭重聲明絕無此事，表示仍希望透過修改《民法》，保障同志權益的立場不曾改變。

「修民法」與「立專法」到底有什麼不同？

多數挺同方認為，現行《民法》規定婚姻必須是「一男一女」，這種以異性戀為核心的婚姻構成要件，無疑是將同志排除在外，若是透過修改《民法》變更婚姻的性別要件，讓婚姻可以平等開放給不同性傾向的兩個人，代表國家承認、並願意保障同志擁有選擇婚姻的自由，享有與異性戀婚姻一樣的權利和義務，這是國家對同志身分的尊重。若是另訂專法，例如《同性伴侶法》，等於是針對同志立法，將同志排除於《民法》的婚姻規定，將同志與異性戀做出區隔，這種「隔離但平等」的做法，只是讓同志成為特殊化的存在，並不是與異性戀一樣平等。

至於反同派同意制定專法，恐怕在意的並不是專法本身，而是不願改變《民法》「一男一女」婚姻定義，這個另訂專法的態度，並不是真正接納同婚，而是以拖延戰術來達成排除同婚的效果。這點在日後公投結束、行政院擬提出專法，他們卻又誓死反對可以得到驗證。

無論最後結果是修改《民法》或制定專法，在兩年期限還沒到期之前，又出現新的問題。

二〇一四年，伴侶盟號召全臺三十對同性伴侶到戶政機關登記結婚遭拒，包含方敏與糖糖等三對伴侶決定與戶政機關打行政訴訟，其中方敏與糖糖案是同婚釋憲後首宗宣判的案件。沒想到臺北高等行政法院宣判「部分勝訴，部分敗訴」，勝訴的部分在於臺北市中正區戶政事務所拒絕她們的結婚登記申請，違反大法官釋字第七四八號解釋的平等權精神，認定戶政事務所違法，要求撤銷當初處分。但同婚方要求應准許同志可立即結婚登記的部分，法院則是予以駁回，理由是：《民法》中「一男一女」的規定已被宣告違憲，但同性婚姻制度尚未立法或修訂，行政法院在沒有明文立法的狀況下，無法要求戶政事務所等行政機關立刻准許同性結婚登記，但戶政機關可以在這段修法期間先進行同性伴侶註記。[5]

行政法院一方面認為行政機關不可以拿現行《民法》來拒絕同性伴侶申請結婚登記，但是當同志要求登記，又認為行政機關沒有法源依據，無法要求他們准許登記，怎麼辦？

最好的解決方法，當然是盡可能縮短空窗期，加快立法院審案腳步，行政院也必須盡速推出版本。事實上，自從大法官釋憲之後，行政院即組成「同性婚姻法制研議專案小組」研議修法，但因小組內部看法不一，「高層」又沒有明確指示方向，各部會始終在觀望；加上黨內「修民法」與「立專法」各有堅持，法案仍躺在立法院裡，沒有任何進度。

大法官會議的釋憲結果讓同志大為振奮，以為臺灣已經走上婚姻平權的最後一哩路了。沒有人會預料到，婚姻平權戰場即將轉移到公投，而公投結果將讓同志迎來心碎的聲音。

5 參見二〇一七年十月十二日臺北高等行政法院新聞稿：http://jirs.judicial.gov.tw/GNNWS/NNWSS002.asp?id=290293。

七、風火山林

1 公投總動員

法律不只是最低道德標準的規範，也是彰顯社會進步價值的典範。司法院大法官做出同性婚姻釋憲案的結果，是象徵同志權益是否能被國家認可的重要關鍵，但反同團體完全無法接受，下福盟行動總召游信義懷疑，這次釋憲有政治力高度介入，從頭到尾都是一場鬧劇：

大法官做出《民法》違憲的解釋一點都不令人感到意外，畢竟這是支持同婚的一方從頭到尾「球員兼裁判」的結果……蔡總統在選前就高調承諾要推動同性婚姻，但在反方動員的民意壓力下，總統府就安排讓司法院接下同婚這個燙手山芋，到時若綠營基層有所反彈，總統府就能把責任推給大法官。但是政府真的能切割嗎？這次蔡英文提名的大法官大部分都表態支持同性婚姻，司法院正副院長也是蔡英文提名的，甚至司法院長許宗力就任前就已連署過同運團體發起的支持同婚活動！大法官做出《民法》違憲的解釋，真的是出於超然獨立嗎？人民心裡有數。[1]

至於下福盟未來的動向，家長代表曾獻瑩表示有三個目標：一、持續向監察院陳情，請求監察院調查大法官之失職；二、鼓勵民眾投入罷免悖離民意立委的公民行動；三、投入「婚姻家庭　全民決定」的公投行動。他強調：

少數司法菁英不應壟斷婚姻定義的決定權，重大議題應該要交付公投！特別是

「婚姻定義」本質上是婚姻的核心內涵，與庶民生活息息相關，婚姻制度的變更不應與民情脫節。不論是立法院或大法官，都沒資格改變屬於全民的婚姻定義！[2]

大法官在被提名時，本來就應該告知其對社會議題的看法，作為立法院行使同意權的重要依據，若被提名人在接受立法院質詢時表達支持同婚，並無不妥；況且那時他們的身分還不是大法官，如果他們是在決定接受釋憲案之後才公開表態，下福盟的質疑或有其理。反同團體懷疑大法官不可能公平公正，只是反映了對三權分立的無知，也反映了對民主政治的不信任。

二〇一八年一月，下福盟一口氣提出三項公投連署提案，分別是：

一、「你是否同意婚姻應限定在一男一女的結合？」

1 見下福盟官網 https://taiwanfamily.com/102375。
2 同注一。

二、「你是否同意在不改變婚姻定義是一男一女的前提下，以專法保障同性別二人經營永久生活的權益？」

三、「你是否同意在國民教育階段內（國中及國小），教育部及各級學校不應對學生實施性別平等教育法施行細則所定之同志教育？」

這三項被反同團體稱為「愛家三公投」的提案，大抵不脫他們這些年來的主張，就是「《民法》只保障異性戀婚姻」、「不修《民法》，改立專法」、「反對國中、小學實施性平教育」（反同團體的說法是「適齡性平教育」）。中選會於審查前兩項公投提案時，認為這兩案主文有違反釋字第七四八號解釋之虞，要求釐清提案是要人民公投決定是否以「婚姻以外」之形式來規範同性關係（若是如此，則該公投為「反同婚公投」，明顯違反釋字第七四八號解釋），還是要人民公投決定以「《民法》以外」之形式來規範同性婚姻（若是如此，則該公投為「同婚專法公投」，尚符合釋字第七四八號解釋）。下福盟為了通過審查，才對提案主文做了修正，將前兩項提案改成「你是否同意《民法》婚姻規定應限定在一男一女的結合？」「你是否同意以

《民法》婚姻規定以外之其他形式來保障同性別二人經營永久生活的權益？」中選會認定合於規定，經兩階段連署審核通過。

為什麼下福盟決定在這時提出公投提案？這應與前一年底立法院三讀通過《公民投票法》修正案有關。

這次《公投法》修正案，是十多年來修改幅度最大的一次，修正內容包括：公投投票權年齡由二十歲降為十八歲；廢除行政院公民投票審議委員會，改由中央選舉委員會（以下簡稱中選會）審查全國性公投人民提案；全國性公投的人民提案門檻，從總統選舉人總數千分之五調降到萬分之一，連署門檻則從百分之五調降到百分之一點五。更重要的是下修公投通過門檻，從原本「投票人數須達全國投票權人總數百分之五十以上，且有效投票數超過百分之五十同意」的「雙二分之一門檻」，改為「有效同意票數多於不同意票，且有效同意票達投票權人總額四分之一以上」即為通過。反同婚團體趁著《公投法》下修門檻的機會，加快發動反同婚公投的腳步，自然不難理解。至於他們為什麼也將同志教育列入提案？美國維吉尼亞聯邦大學助理教授高穎超這樣解釋：

自從二〇一四年以來保守教會的結盟，就同志婚姻及相關權益開始制度化，並汲取國外經驗，成立政黨「信心希望聯盟」向社會推廣反同政治。但是，因為釋憲後，反同團體在法律上似乎無法挑戰未來政府因為釋憲後，需恪守《憲法》，給予同性伴侶婚姻權益，因此他們找到了另一重要戰場：反同志教育，而同志教育之法源依據，是臺灣《性別平等教育法》中的細則，與《憲法》的位階程度相去甚遠……不過公投前後，同志教育都會是反同團體社會宣傳的新破口。[3]

一年多前反同人士主張婚姻平權應交付公投時，尤美女便表示反對，因為人不是上帝，沒有權力決定別人是否能夠享有人權，對她而言，婚姻是人權，像同婚這樣的議題，並不適合公投。立法院在修《公投法》時，她已預期反同方會藉機出招，可是黨內人士似乎不以為意，她說：

「民進黨在野的時候一直批評鳥籠公投，主張要降低公投門檻，如今再度執政了，不可能不修，而且也不能只降一點點。我說降這麼低，到時候反同團體一定會提公投案，他們跟我說，沒辦法，這是歷史共業，大家就一起承擔吧！」

沒想到，挺同人士苗博雅等人為了反制愛家三公投，組成「彩虹起義臺灣行動大隊」，發起「平權公投」，提出三項公投提案的主文分別是：

一、「我支持，以《民法》婚姻章保障同性別兩人建立婚姻關係。」

二、「我支持以法律明定，在國民教育各階段內實施性別平等教育，且內容應涵蓋情感教育、性教育、同志教育等課程，以提升學生之性別平等意識。」

三、「我同意增訂神聖婚姻專法，加強保障一男一女一生一世之永久共同生活關係。」

3〈臺灣選舉二〇一八：公投熱點——同性婚姻和同性教育〉，嘉鴻，BBC新聞中文網，二〇一八年十一月二十四日。

第一項與第二項提案，很明顯是針對反同方的「不修《民法》」、「反對國中小學實施性平教育」而來，但第三項「增訂神聖婚姻專法」一提出，隨即引發挺同社群內部激辯，懷疑此案是否符合平權精神，有人直言完全無法接受。「彩虹起義臺灣行動大隊」發出聲明說，提出神聖婚姻公投提案有其任務與戰略性，目的在於引發大眾思考：當反對同婚寫入《民法》的人，動輒以「隔離且平等」、「專法是保障」、「相互尊重」等說詞迷惑大眾時，若同樣也通過一部《神聖婚姻專法》，難道也是「平等保障」？提案目的是希望「透過明顯的荒謬來暴露不明顯的荒謬」，後來因反彈過大，第三項提案未進到第二階段連署便中止了，至於前兩項提案則經兩階段公民連署程序正式成案，中選會審核通過。

反同、挺同方分別提出公投案，讓同婚合法之路充滿了不可抗拒的變數。不過更讓挺同人士感到不確定的，是民進黨政府的態度。

自從大法官釋憲結果出爐，行政院表示將依據大法官解釋，整合法務部、內政部等部會的研議意見，盡快提出行政院版本送交立法院審查，但對於是要修改《民法》或制定專法，態度始終諱莫如深。大法官釋憲一年之後，行政院仍未向立法院提出相關法案，立法院在二〇一六年底交由黨團協商的法案立法進度，也以「等待行政院提出版本」為理由陷於停頓，行政院成立的「同性婚姻法制研議專案小組」在二〇一七年七月召開了最後一次會議後，也完全停擺。

眼見行政、立法部門的進度停滯不前，伴侶盟發表措辭嚴厲的聲明：

大法官作成釋字七四八號解釋，使臺灣成為亞洲第一個在憲法法院的層級明白認可婚姻平權的國家，全世界因此為臺灣喝采。然而，釋憲一週年了，行政院連未來婚姻平權修法方向都不願意講清楚，民進黨黨團總召柯建銘甚至說出選前「不能再弄」，即便蔡英文總統三番兩次「保證」遵循《憲法》解釋，然而執政團隊的曖昧態度，已經導致同志權益不斷被延宕，也讓反同組織有更大空間繼續激化對立，甚至出現扭曲「婚姻自由」的荒謬景象。

反同公投提案人堅稱，提案並未違反大法官釋字七四八，並在提案理由書指稱：「達成該號解釋所稱婚姻自由之平等保護，並不以使用婚姻之名稱為前提。」將「婚姻」與「婚姻自由」拆分開來，大玩文字遊戲。而中選會竟然放任此種公投提案過關，我們非常憂心，中選會的決定將成為第一個倒下的骨牌，為「婚姻自由不一定要以婚姻之名」這種荒誕說法背書……民進黨若執意毀憲亂政，走到這一步，臺灣恐怕不能再稱為亞洲的驕傲，而是世界的恥辱。

……在大法官釋字七四八號解釋一週年的此刻，我們呼籲執政黨，唯有立即排審通過婚姻平權法案，才是執政黨尊重憲政法治、維護同志人權應有的做法，執政黨對反同組織的縱容、對落實婚姻平權的遲疑，已經導致許多傷害與悲劇發生，不但同志受苦、社會亦一再被撕裂；在釋憲後放任實施違憲公投，更無異於將同志人權獻祭給噬血的保守宗教組織，一個標榜民主進步的執政黨竟敗壞墮落至此，令人難以置信！

在這段晦暗不明的時間，婚姻平權大平台仍不放棄任何可能性，邀請荷蘭前議員迪特里奇（Boris Dittrich），法國前國會議員、也是法國同婚法案報告人比內（Erwann Binet），澳洲新南威爾斯省議員、也是澳洲婚姻平權組織（AME）的格林威治（Alex Greenwich）等人來臺分享促成同婚合法化的故事，尤美女也受邀分享在臺灣的經驗。

對於臺灣大法官已做出解釋保障同性婚姻人權，反同婚團體仍發動公投提案，法國前議員比內表示不解。他認為反對派有意見表達的自由，但「人權可以用公投決定嗎？」他提到同婚議題在法國也有過激烈的爭辯，臺灣在未來幾年都將面臨激烈的暴風雨，但他相信暴風雨過後將帶來寧靜。

來自澳洲的格林威治同意人權不應由公投決定的說法，也慶幸澳洲已在二〇一七年通過同性婚姻合法，他分享自己經驗鼓勵臺灣挺同團體「以愛戰勝恨」，讓大家瞭解同志就是一般人，支持同志人權就是支持人權。如果反同婚公投真的走到最後一關，他希望臺灣人在投票前想一想：「你有兩個選擇，一個是讓所有人都有與愛人結婚的機會，另一個是讓國家分化為兩派對立。你希望臺灣的未來是走向哪一邊？」

尤美女想到二〇一六年底反同團體罷免黃國昌一事，雖然最後沒有成功，但這種「殺雞儆猴」的做法，確實產生了某種寒蟬效應，讓許多立委不願表態，她身在暴風核心，自是冷暖自知。她詢問外國議員是否有這樣的經驗？該如何面對這樣的壓力？

比內表示，他的選區大多是天主教徒，支持與反對同性婚姻的選民都有，就算是反對同婚的選民也支持他，因為「比起牆頭草政客，選民更欣賞堅持立場的政治人物。若迫於壓力改變自己原本堅持的立場，這種民代必定會遭到選民唾棄」。

比內說，過去法國視同性戀為不可饒恕之罪，隨著時代演進已有很大的改變。一九九九年，法國國會通過《民事互助契約法案》（PACS），給予同性伴侶「民事結合」的權利，但收養子女、伴侶共享監護權等部分，只有受到婚姻保障的異性伴侶才能享有。當時他鼓勵同志伴侶公開自己的經驗，也鼓勵父母是同志的小孩現身說法，告訴大眾由同志父母帶大的他們與一般人無異，因為扶養、教育小孩需要的是愛與責任感，許多法國同志父母已經證明，他們有能力給小孩良好的生活環境，沒有理由反對同性戀收養子女。他邀請加拿大、英國等國會議員到法國敘述自己國家討論同性婚姻的過程，讓反對團體知道同婚合法之後，社會沒有崩壞，災難也沒降臨，爸爸媽媽還在，婚姻的意義也沒有改變。

婚姻平權是否適合以公投形式解決？原來挺同方內部有不同意見，但因平權公投兩個提案已正式成立，雙方勢必得以公投對決，也只能想辦法因應。伴侶盟發起「對反同公投說不」計畫，包括提起行政訴訟，並聲請停止執行公投提案；成立「反對愛家公投」辦事處，全力準備後續的電視辯論；檢舉反同方違法的文宣活動，培養志工宣傳「對反同婚公投說不」的訴求。婚姻平權大平台則是到國外取經，師法國外公投經驗，學習如何設定策略，提供培訓計畫，訓練志工如何在街頭與人對話。婚姻平權小蜜蜂更跨出臺北，積極與地方對話，並舉辦「打電話給親人」活動，邀請同志勇敢說出自己的心情與經驗，「為愛返家，搭上幸福特快車」音樂會，聚集十萬人在現場力挺同婚，還有各種記者會、座談會、策展……

公投議題帶出來的辯論正熱烈展開，各種真假難辨的訊息也在每個人的手機裡四處流竄，例如以下幾則在LINE群組廣為流傳的假消息：

一、「二〇一八年六月，法國二十萬人上街頭要求廢除《同性婚姻法》，因為社會付出的代價太大了，臺灣還以為自己很進步！家庭全瓦解，請幫傳出去！」

法國在臺協會特別聲明，隨著這則假消息附上的照片，其實是二〇一六年反同人士舉辦的遊行，並不是二〇一八年，而且當時參加人數大約是兩萬四千人，不是二十萬人。聲明指出：「法國在二〇一三年四月二十三日正式通過《同性婚姻法》。所有調查數據一致顯示，法國絕大多數民眾都支持婚姻平權，同性婚姻已經融入日常生活中，社會並未像某些有意人士所說的，因《婚姻平權法》的通過而崩垮。」[4] 事實上，反同方使用錯誤的外國資訊已經很多次了，[5] 這次若不是法國在臺協會親自出面，一般人恐怕仍被蒙在鼓裡。

二、「同性婚姻合法化後，全世界的男同志就可以與臺灣的男同志結婚，取得臺灣身分證，擁有免費的健保和愛滋藥物，那時臺灣就成為全世界愛滋用藥量最大的國家，健保將會被拖垮……由於愛滋病醫療費用高，最終受益者將會是製藥公司。」

根據健保署「外籍人士投保規定」，在臺灣持有居留證明文件的外籍人士，都應該參加健保，不必然需要與臺灣人結婚。至於外籍人士如何取得居留證明？根據移民署官網說明，除了以配偶申請居留證明文件，「來臺灣就業、在臺灣有一定金額以上之投資且經中央目的事業主管機關核准或備查之投資人或外國法人投資人之代表人、外國公司在臺灣境內之負責人等情形也都可以申請居留證明文件」，不必然要結婚才能來臺。

至於愛滋用藥問題，根據二〇一七年十月健保衛生署公布的數據，二〇一六年健保花費最大的前十大疾病是：「急性腎衰竭及慢性腎病（花費約四八三．八億

4 見法國在臺協會二〇一八年十月三十日的臉書貼文。

5 美國猶他州立大學 Lisa Diamond 教授曾嚴厲批評反同團體惡意扭曲她的研究論點，誤導社會大眾同性性傾向可以透過治療改變。國內反同文宣也曾引用 Diamond 教授的文字，但是經過扭曲變造，經查證比對研究論文沒有文宣上的這段話，詳見 https://www.upmedia.mg/news_info.php?Type=2&SerialNo=50346。

元）」、「牙齒口腔相關疾病（花費約四一三億元）」、「糖尿病（花費約二六四億元）」、「急性上呼吸道感染（花費約二六一・五億元）」、「高血壓（花費約二二二・一億元）」、「消化器官惡性腫瘤（花費約一七三・九億元）」、「腦血管疾病（花費約一七〇・二億元）」、「缺血性心臟病（花費約一六二・八億元）」、「流感及肺炎（花費約一五四・三億元）」以及「呼吸系統及其他疾病（花費約一二五・五億元）」，並沒有愛滋病，反同人士應該是多慮了。[6]

三、「愛家公投若沒通過，明年五月後，婚姻與家庭制度將會有重大改變，十年內不能再提案。」

依據釋字七四八號，在二〇一九年五月二十四日以後，同志可以依《民法》婚姻章的規定，向戶政機關辦理結婚登記，也就是說，無論立法院有沒有修改《民法》或制定專法，原本法律只承認一男一女可以成立婚姻的制度必定會有重大改變，與公投案是否通過並不相干。另外，公投案若未通過，只要兩年之後就可以重提，沒有什麼十年之內不能再提的規定，這些都是很容易查得到的法規。

四、「國中教科書教性解放、性滿足、性愛自拍、鼓勵統計性伴侶人數、師生戀、人動物戀等禽獸不如政策。」

事實上，國中教科書與「性」相關的課文，僅在翰林出版社國二下《健康與體育》課本中第八十一頁「第三篇　青春性事」提到「對性與愛的規範是要彼此得到對方的尊重，並在雙方自願、不傷害他人的情況下滿足自己的性與愛」，以及第九十四頁「性病知多少」裡有「性伴侶愈多的人，愈容易感染性病，所以忠實單一性伴侶更能減低感染性病的風險」。至於性愛自拍、人動物戀等情節，更是隻字未提。[7]

另外有夾報派送的傳單，指控民進黨政府「推動同性性交文化」、「誘導未成年性交」「爸媽不見了，公嬤消失了」，就算文宣並未署名，可以想見是來自（支持）

6 健保署公開澄清文見 https://www.nhi.gov.tw/News_Content.aspx?n=90F6EDBE1330721A&sms=36E92BA4F9F6D42B&s=2317CB7D4AE5F849。

7 臺灣事實查核中心針對這則假消息做了詳盡的查證，見 https://tfc-taiwan.org.tw/articles/112。

反同人士之手。「溝通」應該是要聽見彼此說話的內容，反同方一再無視於相關單位的澄清，持續散布錯誤的訊息，許多人仍舊深信不疑，原因何在？因為想法不會孤立存在，信念也不會懸浮於真空，這些假訊息必定是打動了他們心底某種懷疑、恐懼與不確定，只要有一個可疑的信念出現，就可能會對其他概念產生衝擊。

難怪有人說，真相最大的敵人不是謊話，而是盲信。

面對鋪天蓋地而來的假消息，尤美女只要逮到機會就盡力解釋與說明。她透過友人安排與天主教人士當面溝通，待她說明完法案內容，對方一臉驚訝地說，你講的跟外面謠傳的都不一樣，她只能苦笑以對。她說：

「主教說，他們不想幫同志主持婚禮，我說，法律又沒有規定一定要在教堂結婚，這是你們的自由，我們推法案的目的，只是讓同志自己可以去戶政單位辦理結婚。他們一聽就說，這樣我們好像也沒有反對的理由，後來就不出聲了，至少是既不支持，也不反對。」

她隨立法院長出國參訪，同行有企業家是基督徒，對她力推婚姻平權感到好奇，問說，你有家人是同志嗎？她回答，沒有。對方又問，那你為什麼要推同婚？尤美女說，這是人權。然後，按照尤美女的慣例，她從同志的處境、同婚何以是人權、以及婚姻平權的精神是什麼，盡可能說明清楚。對方聽完以後一改原來立場，說，聽你這樣說，我可以支持，可是這些聲音，為什麼我都沒聽過？尤美女笑著答道，你們的LINE群組，我們都進不去啊！

她受邀去北美拜會獨派鄉親，他們要求尤美女說明為什麼要支持同婚？這個議題根本不重要，為什麼要搞得天下大亂？

「我花了一點時間跟他們說明以後，他們全都講不出話來，但是又不知道怎麼反駁，就說，這個不重要，臺灣獨立才重要！我馬上說，這兩者不相違背，我們可以一起努力，可是我感覺得出來，在這群人面前，我就像是怪胎……」尤美女笑了起來，「我慢慢解釋給他們聽，同婚不是小英唯一的政策，也不是我唯一關心的事，你們關心的轉型正義、年金改革，這些我都有在做……可是他們只知道我在推同婚！」

假消息的無孔不入，無洞不鑽，不少朋友都認為尤美女「被騙了」，就連已經大學畢業的女兒的小學老師都以為如此，打電話質疑她為什麼執迷不悟。經尤美女解釋之後，對方才恍然大悟，進而問她，你為什麼不早說？尤美女苦笑說，你又沒有問過我！

「這是臺灣最大的問題，一個臺灣，兩個世界。就像那次呂學樟跑來說要先發言，[8]拿著稿子把反同方的說詞講一遍，像『「通過同性婚姻是鼓吹人獸交，我不要當歷史罪人」、『傳統的倫理綱常不容毀棄』，現場大家笑到不行，他還義正辭言地說，你們怎麼可以這樣……」

反同人士以並非事實的理由，真真假假的文宣，違反常識的論述，持續散布恐懼，製造恐慌，甚至有教友在臉書上招募「衝鋒隊」，喊出「用血捍衛家庭，用血保護婚姻，用血洗淨彩虹，用血洗禮警察」的口號。[9]雖說這應是少數極端分子的作為，但他們恐怕是真心相信同婚議題是「真理對抗邪惡」的戰爭，為了信仰之故，他們必須、也一定要打贏這場聖戰，就算面對所有反駁的證據，還是毫不懷疑。

隨著公投日逐漸逼近，反同方手段更加凌厲。中選會舉辦電視說明會，民眾賓錦揚、簡月貞申請成立「愛家三公投」反方辦事處，並推派人選擔任電視辯論會的反方代表。經伴侶盟查證發現，賓、簡兩人是士林靈糧堂成立的「仁親社區關懷協會」成員，該協會也發表過反同立場，伴侶盟質疑他們打算「反串」挺同代表上場，屆時將出現正、反雙方都來自同一陣營的荒謬景象。仁親協會發聲明稿表示：

> 本協會提交中選會的辯論上場名單皆為專業辯論人士，不是宗教人士，本欲利用其專業幫助全民釐清，讓不同的意見完整呈現，並且愈辯愈明，呈現公投的精神……在被網路媒體快速汙名化的情況下，已無法達成原先欲理性呈現多元意見的目的，本協會資源有限，無力面對網路汙名及已廣泛傳遞的錯誤資訊，為持續專注於弱勢照護，本協會以此聲明稿澄清，說明始末並放棄抽籤得來的

8 見本書第四章第一〇六至一〇七頁。

9 發起者已刪文。

三場辯論機會，伴侶盟可以向中選會申請擁有全部的十五場辯論場次，對於電視辯論呈現一言堂，無法呈現多元意見，本協會表示遺憾。10

那年不只有十項公投案（包括「降低火力發電量」、「停建煤電設備」、「維持禁止進口日本核災地區食品」、「東京奧運臺灣正名」以及「同婚及性平教育」等議題）必須交付表決，更是關乎地方政治版圖分合的九合一選戰，公投會對選情造成什麼影響？有人認為公投綁大選可以衝高投票率，有利於國民黨選情，也有人認為公投頂多是為了選舉造勢的政治攻防戰，要靠公投影響選舉恐怕太過樂觀。至於民進黨多數人則是擔心，如果執政團隊沒有好好處理，會讓婚姻平權議題「開花」，波及年底縣市長選戰及議員選情。

在這場硝煙四起的選戰之中，沒有人敢輕忽公投、尤其是婚姻平權公投這個變數。挺同、反同兩陣營除了衝公投連署，也積極遊說政治人物表態。

自從同婚正、反兩方投入公投戰役以來，國民黨為了凸顯「反對黨」的角色，與執政的民進黨有所區隔，從原來的消極不反對變為積極抵制，並主動配合反同方策略，讓一場觀念之爭變成藍綠對決。國民黨內縣市長參選人紛紛連署「愛家公投」，明確反對同婚入《民法》，包括尋求連任的苗栗縣長徐耀昌、參選嘉義縣長的吳育仁、參選臺南市長的高思博，以及參選高雄市長的韓國瑜。至於宣示「婚姻平權」政策的民進黨，不論是縣市長或議員參選人則是態度低調，除了少數如新北市長參選人蘇貞昌、臺北市議員參選人吳沛憶、高雄市議員高閔琳公開力挺，其他候選人多半是能閃就閃，能躲就躲，就算是私下支持，也不願曝光。新北市候選人侯友宜及臺北市長柯文哲選擇不表態，高雄市家長聯盟公布的愛家公投連署名單中，除了國民黨籍多名議員參選人參與連署，亦見到民進黨議員陳信瑜、平地原住民議員俄鄧．殷艾，以及議員翁瑞珠赫然在列。

這場平權公投引起不少外媒關注。CNN〈巨大的分歧：臺灣內部的同婚戰

10 原文見https://www.facebook.com/renchingslllc/posts/2452312651451481。

爭〉[11]報導指出，這場公投令人「非常困惑」，光是關於「同性婚姻能否包含在《民法》內」這個議題就用了三個公投案來詢問民眾，至於「是否實施性別平等教育」則有兩個公投提案，開票之後如果全都過關，即可能出現相互矛盾的結果，導致立法院必須為兩種相反的結果立法。

該報導也指出，臺灣原以對LGBT（女男同性戀、雙性戀與跨性別的英文首字母縮寫）的友善價值觀感到自豪，然而這次愈接近選戰，卻出現愈多針對同志的不實謠言：反同婚團體謬稱同婚合法化將讓臺灣原本就低迷的生育率下降，還會讓外國的愛滋病患來臺灣使用健保，相關的傳單與廣告隨處可見，導致很多人產生價值混淆。該報導並引述CNN另一則報導[12]指出，下福盟為了這波活動，募得三百二十四萬美元的經費，CNN記者試圖聯繫反同婚團體詢問他們的說法，沒有收到對方回覆。

《華盛頓郵報》則以〈臺灣本應是亞洲第一個同性婚姻合法之地，但是事情變得相當複雜〉[13]為題，指出同婚修法的提案都是由民間先行提出而非政府，這點很值得注意。該報導指出，許多婚姻平權倡議者認為，同婚問題正反雙方高度對峙，修法進度又停滯不前，很大部分的原因在於蔡政府和執政黨受到中國外交施壓、經濟問題的影響，使得民進黨支持率下滑，導致蔡總統一直很猶豫是否要推行存在著巨大分歧的婚姻平權法案，因此在選舉前表現中立的態度，以安撫挺同的年輕選民及反同的年長選民。

一場全球矚目的公投即將展開，無論結果為何，業已造成臺灣社會內部的混亂與撕裂。

11 "A great divide: Inside the battle to stop same-sex marriage in Taiwan", Ben Westcott, Angus Watson, Mimi Hsin Hsuan Su, CNN.com, Nov. 24, 2018.

12 "ELECTIONS: Thousands attend Taipei LGBT rally", Ann Maxon, CNN.com, Nov. 19, 2018.

13 "Taiwan was supposed to be the first place in Asia to legalize gay marriage. Then things got complicated." Adam Tyler, washingtonpost.com, Nov. 23, 2018.

2 槍林彈雨

愛家公投與平權公投的對決，讓臺灣社會像是一支悶了很久的鍋子，聽到水已經開了，鍋蓋已經噗噗作響，改變或許近在眼前，至於結果是什麼，沒有掀開鍋蓋之前，誰也不知道。挺同團體做過幾次民調都不太樂觀，但他們仍抱著一絲希望，希望會有奇蹟出現。

十一月二十四日，公投結果出爐，反同團體的「愛家三公投」大獲全勝，且同意人數遠超過不同意人數，至於挺同團體的「婚姻平權」和「性平教育」兩項提案則未能通過門檻。這對同志當然是沉重的打擊，也顯示了民眾對同婚的不安，就像馬奎斯那句：「世界太新，很多事物還沒有名字，必須伸手去指。」同婚的概念太新、太陌生了，讓人們不自覺感到不安。

那晚開票至十一點多才抵定，夥伴們心情都很沉重，尤美女早已預期情況並不樂觀，並不特別意外，但仍打起精神到挺同活動現場替大家打氣。民眾三三兩兩坐在那裡，像是在互相扶持安慰，有的人仰著臉朝向前方皺著眉頭，臉上寫滿了沮喪、哀傷與不甘。熟稔的朋友見到尤美女，忍不住對著她大罵民進黨態度曖昧，錯估形勢，才會造成公投失敗，尤美女默默走進化妝室，不願讓助理目睹她躲在角落悄悄拭淚，但她隨即收拾好情緒，直奔二二八紀念公園，鼓勵在場失望的同志說：「我們已經一起走了很長一段路，雖然時代的列車不會一下子就抵達終點，但請每一個人都不要中途下車，一起繼續往前」「在我卸任之前，我一定會讓大家可以結婚！」沒有人知道，她正承受著反同及挺同、黨外及黨內的酸言酸語與批評指責。

那次九合一地方選舉，國民黨拿下逾三分之二地方席次，民進黨內同志與支持者急著找出敗選原因，年金改革、空汙、一例一休與同婚等議題都成了箭靶，更有人直接把矛頭指向尤美女，認為力推同婚的她是敗選的罪魁禍首，希望她自動請辭。有基層黨員要求蔡總統開除她為敗選負責，民進黨團總召柯建銘甚至說出「拜託尤美女放了民進黨」這樣的話來。

對於這樣的指責，尤美女自己是怎麼想的？

「我們在修《公投法》時就已預期反同方會出招，我也有警告過黨團，他們應該是沒想到（反同公投案）會過，而且選戰小組核心根據過去經驗跟民調評估，公投綁（全國性）大選才有可能過，這次只是地方選舉，應該不會過，所以黨團的態度就是要我們保持低調，只要大家都不去投票，門檻就過不了。大家都很有共識地把同婚公投晾在一旁，好像同婚和這場選舉無關。」

「這次公投有十個提案，光是跟同婚及性平教育相關的就有五個，一般人根本搞不清楚，挺同這邊拚命宣傳教大家投「兩好三壞」（平權公投案號「十四、十五」投同意票，愛家公投案號「十、十一、十二」投不同意票），效果並不好。反同那邊是一波一波作戰，他們財力雄厚，[14]不斷對媒體施壓，又出了單張教大家怎麼投票，很多阿公阿嬤搞不清楚，以為單張是政府給的，投票時就照著勾，根本就是一場鬧劇。我有朋友看到民進黨沒有動作，很想出面做點什麼，結果被『上面』的人要求閉嘴，她很生氣……他們以為只要冷處理就沒事，最後變成政黨對決，各自歸隊，最後會輸是必然的。」

「我知道既然是政黨政治，如果失去了執政的機會，等於什麼都沒有，所以選舉是很重要的議題。選舉失敗以後大家都很不爽，總要找個出口，我是孤鳥，不屬於任何派系，自然就會怪到我頭上，覺得外面反彈已經那麼大了，我還很白目在推同婚……我可以理解他們為什麼這樣想。」

尤美女不認為自己「罪大惡極」，但媒體問她是否應負起敗選責任時，她仍語帶哽咽地說：「如果能夠當頭號戰犯，因此讓整個狂飆的社會冷靜下來，我願意！」媒體再追問她對柯建銘那句「拜託尤美女放了民進黨」有什麼看法，她選擇不正面回應，只是沉著說道：「我能夠體會柯總召的心情，他的壓力非常大，不過我們現

14 根據報導，「右派基督教團體對同志運動的反制力道，也有財團支持。根據臺灣媒體近期的調查指出，反同勢力背後的資源，主要由臺灣首富家庭出身，國際手機品牌（HTC）董事長王雪紅所捐助的數億臺幣，向社會遊說宣揚其教會靈糧堂的教義，並反對同志婚姻，捐助獎學金給教會研究者，研擬保守專法排除同志婚姻於《民法》之外。相關報導解釋，這也說明為何反同團體可以製作並購買昂貴的電視或報紙廣告。」見〈臺灣選舉二〇一八：公投熱點——同性婚姻和同性教育〉，嘉鴻，BBC中文網，二〇一八年十一月二十四日。

在更該關注的，是那些自殺的同志……」刻意將問題轉向，不讓媒體挑起衝突。

原來，婚姻平權分明是蔡英文領導的民進黨政府閃閃發亮的招牌，曾幾何時，竟成了人人避之如水火的洪水猛獸？

除了尤美女被點名之外，黨內也有不少人痛批挺同婚的立委段宜康，段宜康回擊說：

> 公投結果讓行政院必須去提（同婚）專法，但是公投沒辦法剝奪同性婚姻合法的權利，因為這是大法官解釋的約束力。……我能理解大家在大敗後的震驚，到處要找原因，但是我們要記得我們原來的價值，如果當初大家掛彩虹旗講婚姻平權是假的、每次參加反核遊行的價值是假的、推動正名價值是假的，若現在連綠色執政品質保證都變成笑話，那民進黨還剩下什麼？我們跟國民黨的差別是什麼？我們就變成只是另一個顏色不一樣的政黨而已！[15]

挺同公投失敗的原因是什麼？這是個錯綜複雜的問題，每個人有不同的角度與詮釋。尤美女認為挺同團體資源、條件不足，無法進入對方群組進行宣傳，都是很重要的因素：

「婚姻平權小蜜蜂到處去演講，努力跟民眾溝通，都只是『點』。但是反同團體不一樣，他們是全面作戰，路邊攤、夜市、公園、社區大樓信箱都可看到反同愛家文宣，甚至砸下巨資，買下昂貴的電視廣告，深入所有收視戶的居家客廳；長輩聽的廣播電臺，一再放送『10、11、12同意，其他都不同意』，確實比我們強。婚姻平權大平台透過廣告公司下廣告，網路媒體沒有問題，可是某些電視臺就直接拒絕，說議題太敏感。我們拍了澄清影片，就是進不去他們的LINE群組，反觀我們自己群組卻一直被攻陷，只要有人提出解釋，對方就說，這裡不談宗教，也不談政治。」

15〈挺同婚挨譙　段宜康：那我們跟國民黨差別是什麼？〉蘇芳禾，《自由時報》，二〇一八年十一月三十日。

「你在群組看到這些假消息，會不會主動澄清？」我問尤美女。

「不會，反正是雞同鴨講，除非私下有機會溝通才有用，否則就是各說各話，彼此無法說服，兩個愈講愈大聲……吵架是解決不了事情的。有基督徒朋友說我被同志騙了，同性戀是病，是需要被治療的，你不要被他們洗腦，後來發現沒辦法說服我，就跑去找我先生……他們真的是非常堅信這樣的說法，誰也不能說服誰，那就各自尊重吧。」

反同團體一貫真真假假的宣傳手法，讓挺同色彩明顯的陳思豪牧師難掩憂心：

> 無論在辯論或是各種同志權益議題的討論過程中，整個社會充斥著不實的消息與惡意，大家並非帶著寬容和同理心去探討彼此的不同。舉例來說，中選會舉辦的辯論會上，有人說陰道是無菌的；在網路上，有人散播謠言，抹黑性別教育是在教肛交、人獸交、還有各種做愛姿勢。
>
> 在我跟對方的辯論過程中，對方看似辯才無礙的表現，卻被網友揪出二十幾個

錯誤。我嚇了一跳，為什麼明明是公開的辯論，卻能公然散布不實的消息？回到我講的，在同志議題上，臺灣根本沒有真誠對話的氛圍跟平臺，只是習慣「追求阿Q式的勝利」，表面我辯論贏了，那就是贏了，我爽就好。可是邏輯和事實呢？這難道不是民主社會所追求最重要的價值嗎？姑且不論各自的信仰與觀點，面對這個議題，我看到的幾乎都是恐嚇，基督徒們用「嚇」的，用不實訊息把家長嚇出一身冷汗，去詆毀同志的行為和想法。說謊恐嚇，讓人感到哀傷，說難聽一點，大家都是基督徒，這哀傷到一個讓人想撞牆的地步了，對民主社會來說，誠實是很重大的價值。[16]

在一個立場分歧的議題之前，如何面對彼此的不同？反同人士不斷丟出的假消息，要不要逐一回應？或者乾脆讓子彈飛一會？彩虹平權大平台執行長鄧筑媛提出

16〈陳思豪／恐懼壓縮了同婚的公共討論空間〉，《報導者》，二〇一八年十一月二十五日。

她的個人見解：

「如果一直花時間回應反同團體的說法，按照他們的邏輯，說明他們的謬誤，會被他們拉著走，反而沒有力氣跟群眾說你想要說的故事。我們除了在二〇一八年做過一場破除假消息記者會，設定十個不同謠言是謊話，除此之外都在做自己的東西，重點是把我們的故事說出來，並沒有花時間整理反方論述。多花一分力氣在這裡，就會少花一分力氣在說服群眾。」

「我在這次公投中學習到一件事，一個議題支持與反對的光譜可以分成五等份，最支持與最反對的人，我們要花最少的力氣，說服中間的人往支持移動。臺灣的swing vote（游離票）中間選民非常多，臺灣是前兩個月跟後兩個月的民調會差到百分之二十。大平台在二〇一八年七月、九月、十一月各做過一次民調，第一跟第二次是五五波，到了十一月就變成七三波，為什麼？因為反同團體從十一月開始下二十四小時的廣告，又勤跑地方基層，選前一個月對臺灣選舉非常重要，只要選前下足猛藥是可以翻盤的，這是選民結構使然。」

無論如何，公投這一仗挺同團體是輸了。不過公投結果不能牴觸大法官解釋，既然大法官第七四八號解釋已指出「同性享有婚姻自由平等的保障」，這次通過的反同公投案則是說「《民法》婚姻限於一男一女」，如何在不修《民法》的前提之下解套，只能朝制定專法的方向前進。果然，行政院表示將依《公投法》規定，在三個月內提出保障同性婚姻的專法草案，送交立法院審議。

反同團體怒不可抑，覺得民進黨政府將選民玩弄於股掌之上。在他們看來，既然公投結果顯示民意反對同婚，行政院卻執意制定專法，就是違反公投結果，就是違反七百萬的民意，下福盟代表游信義聲稱：「公投是國民主權最高的展現，位階高於《憲法》！」

制定專法是違反公投結果嗎？

根據公投第十案的理由書，提案的反同團體自己說：不論公投結果，都不會排除政府立法「達成釋字七四八號所稱婚姻自由之平等保護」；公投第十二案理由書也說明：其公投結果只是要求政府在《民法》婚姻以外的法律範疇，另外立法保障同志，但沒有限制立法名稱、內容是否承認同性婚姻關係。所以，行政院決定在《民法》之外另立專法，不但合憲，也符合公投第十案與第十二案的結果。

那麼，公投效力真是大於《憲法》嗎？

當然不是。照理說，公投是代議民主的補充，效力不可能沒有限制，而且從法律位階來看，最高的當然是《憲法》，其次是法律，最低則是命令，《公投法》底下的公投案不能逾越《憲法》，公投結果自然也不能違反《憲法》。公投的結果只是民意，效力比不上釋憲結果，這是很基本的法律ABC。

或許真正的問題，在於反同團體無法承認他們公投提案的法律效力有限，又不願意接受自己法理邏輯的內在矛盾，只好批評行政部門違背民意。他們若不是不瞭解法律的位階，就是意圖混淆民眾的認知。

尤美女認為，這次公投凸顯了制度設計上的若干缺陷。她以自身前往考察瑞士公投為例指出，瑞士已有一百五十年公投歷史，一年舉辦四次公投，不能綁大選，每個提案必須進行一年半的宣導期，也有議會負責審查提案內容，有一套完整的制度與流程。反觀臺灣公投宣傳期極短，一個月內公告完成並進行宣傳，這次公投共有十個案子，辦了五十場電視說明會，這麼短的時間，民眾是否瞭解每個案子的意義？她建議應考慮增設審議委員會，由外部公正人士組成，目的不是為了駁回提案，而是形式及整合性的審查，例如是否違憲、違反國際法，或是標題與主文是否一致，不能語義不明等，才能讓公投的真意呈現。她以公投第十案「你是否同意《民法》婚姻規定應限定在一男一女的結合？」為例，說明這樣的提案語意不明，自己身邊很多朋友也看不懂，所以「要有充分資訊，人民才能判斷，語意不明只會造成混亂」。

「可是他們的提案明明只是反對修《民法》，行政院按照公投結果不修《民法》，準備推專法，他們又要反對，這不是存心欺騙不懂法律的民眾嗎？」我提出疑問。

「他們是否真的在欺騙人？我不覺得，每個人的法律見解本來就有不同。法律人可以解釋說《憲法》高過《公投法》，但是對一般人來說，民主國家就是人民最大，既然政府是人民投票選出來的，人民公投的決定，政府當然要照做，你不能說他們是在欺騙，他們是從自己的角度出發解釋，也有一種堅信，這樣的說法迎合了許多這麼確信的人，所以會覺得那我們公投幹什麼？就覺得自己被騙了。」尤美女說。

「所以，你能夠理解他們為什麼一再說謊？」我繼續問道。

「那是他們的堅信，你不能說他們是錯的，他們也覺得自己並沒有違法，」尤美女善意解讀，「他們只是在拯救被撒但掠走靈魂的人，是想要救贖，我們從我們角度不可理解，反之亦然……宗教性的論辯我不介入，但我可以理解他們為什麼這麼執著。」

友善勝過對抗，信賴溝通說服，只要有耐性，再困難的事都可以慢慢談，都可以找到答案。尤美女希望以意志和行動，證明自己可以穿越不理解與惡意的目光，如果大家齊心，要走到終點並不難，只是時間的問題，雖然有險阻，那也是必然。

這是她的堅信。

八、希望在雲的後方

1 無路可退

公投結束之後，尤美女沉寂了一段時日。

二〇一八年選戰期間，反同方宣傳花招頻傳，各種小抄哏圖紛紛出籠，尤美女在黨內群組裡建議應該澄清並有所回應，發出去的訊息全都已讀不回。同黨立委抱怨服務處被反同人士包圍施壓，尤美女自告奮勇說，我可以去你的選區幫你講清楚，對方驚恐回應：「哩麥來！哩來擱卡死！」選後她不斷被檢討，抗議電話湧進辦公室連續數日，一天幾百通，來電者除了反同人士，更多是民進黨支持者，他們口氣很毒辣，很凶狠，甚至很不堪，助理接電話被罵到哭，尤美女對這一切感到無奈，只能默默承受。

最讓尤美女擔心的倒不是自己，而是受傷的同志朋友。根據通報，公投之後有九位同志自殺身亡，兩位自殺未遂，二十三位受到霸凌，她公開呼籲在選戰的激情狂飆之後，大家應該冷靜下來，多多關心周遭的朋友，擁抱一下自己的孩子，回歸到「臺灣最美麗的風景是人」這樣的社會。她自己對同婚合法化的走向並不悲觀，畢竟釋字七四八號已經提了兩年期限，不論專法是否能夠過關，最終同志都能辦理登記，[1]這也是為什麼即使公投結果未盡理想，她對未來仍抱持著審慎樂觀的態度。

不過真正讓她感到鬱卒的是，立法院私下協商將她排除在外，黨內與同婚相關討論也沒她的分，她真真正正成了一隻孤鳥。

據傳行政院已著手制定專法，至於專法名稱是什麼？內容又該怎麼訂？是同志期待的「同婚法」？還是已然違憲的「同性伴侶法」？因為議題敏感，府、院、黨均視為最高機密，尤美女就算擔心亦無從得知，只能靠著少數挺她的夥伴，例如同黨的段宜康略知一二。國民黨內因挺同被罵到爆的立委許毓仁情況也沒好到哪裡去，他與尤美女不時在電梯前相遇，她問說，你們國民黨現在怎麼樣？許毓仁說，不知道，並反問尤美女說，那你們民進黨呢？尤美女則是笑說，我也不知道，兩人經常這樣互相調侃，也彼此打氣。

為了掌握立法內容與進度，婚姻平權大平台仍積極聯絡各黨立委，只要願意見他們的必定親自造訪，瞭解對方的想法，進行細緻的遊說，一方面讓尤美女辦公室可以掌握狀況，協助判斷個別立委的立場是否在動搖？要不要進一步說明？同時討論黨部、立院黨團、行政院、總統府等不同單位的意見該如何因應，整個過程有如打仗，每一步都必須沙盤推演。

法務部分別徵詢挺同與反同方開會商議，雙方對草案內容仍舊意見分歧。大體而言，挺同方主張釋字七四八號已敘明保障「婚姻自由」，如果制定專法的話，必

1 理論上，釋憲之後無論如何同志都可依七四八號釋憲文辦理結婚登記，但實際上雙方的權利義務關係仍無具體法源依據，可能出現北高行在二〇一七年十月的判決狀況。見本書第六章注五（頁一八一）。

須以「同性婚姻」處理，否則就是違憲。但反同方認為，政府應依據通過的公投本文進行修法，也就是婚姻限定一男一女，不可以「婚姻專法」處理，更不接受法案出現「同性婚姻」、「婚姻配偶」等字樣，只能以「同性共同生活」作為立法原則。至於專法名稱，挺同與反同方各有堅持，並沒有共識。據說是總統府副祕書長劉建忻靈機一動，想到或可仿照美國第〇〇號施行法的做法，並借用《臺灣兩公約施行法》的概念，建議將法案訂名為《司法院釋字第七四八號解釋施行法》（簡稱《七四八號施行法》），使用這樣中性的名稱，讓挺同、反同雙方都能接受，成為臺灣首部以釋憲案為名的法案。

這時民進黨仍沉浸在敗選的低氣壓裡，不少立委視同婚為票房毒藥，不願表態支持。為了讓行政院版草案能順利通過，行政院長蘇貞昌邀集副院長陳其邁、政委陳美伶與民進黨立院黨團開會，說明法案內容必須符合不修《民法》、只能訂專法的公投結果，同時又不違背大法官釋字第七四八號解釋的折衷方式，這樣的結果或許挺同、反同雙方都不會滿意，但期待大家展現尊重包容態度。二〇一九年二月，行政院提出《司法院釋字第七四八號解釋施行法》，蘇院長發表〈走向一個相互尊重，彼此友善的國家〉一文，說：

大家都知道，人類社會是不斷進步的，以前窮人、女人、黑人都曾經被歧視很長的一段時間，連投票權都沒有，現在都已經獲得尊重，人人平等。過去我們一直以為性傾向只有異性相吸，誤以為同性一定相斥，我們不瞭解同性戀，因為不瞭解而害怕，因為害怕而排斥，連我自己小的時候都曾經這樣。現在醫學證明，同性戀是天生的，是自然的，不是疾病，不會傳染，也不可能因為教導而使異性戀者變成同性戀，更不可能因為治療，而使同性戀者變成異性戀。

行政院作為全國最高行政機關，必須依法行政，必須尊重公投結果，更必須遵守等同《憲法》效力的大法官會議解釋，就是因為尊重公投結果，所以我們不修《民法》，《民法》婚姻夫妻之規定完整不動。因為大法官會議第七四八號解釋已明白表示必須「使相同性別兩人」獲得「婚姻自由之平等保護」，所以，行政院在將提出的專法草案中平等保護同性之婚姻自由，又鑒於這段期間社會各方對於專法的名稱各有堅持，多所爭議，我們覺得整個社會實在不必多費力氣於此，既然大家都必須遵守大法官會議的解釋，行政院將提出之專法的名稱就叫《司法院釋字第七四八號解釋施行法》，送請立法院審議。特此，先向國人同胞報告。

要讓國人同胞瞭解的是，依據大法官會議解釋，行政院如果不提專法，立法院如果不在五月二十四日前立法通過，同性伴侶就可依現行《民法》規定逕為婚姻之登記，因此，懇請立法院能盡速通過，完成立法。

我也要跟全國同胞說，無論你是異性戀或同性戀，我們都是同一國的，都一起生活在這塊土地上，都在同一個天地之間，我由衷地期待大家，包容地接受不同，和善地對待彼此，使臺灣成為一個相互尊重，彼此友善的國家。

《司法院釋字第七四八號解釋施行法》草案共有二十七條，重點包括同志伴侶

有合法財產繼承權、醫療權，能共同扶養血緣子女，必須遵守單一配偶的守貞義務，同樣受到通姦罪、重婚罪的規範。草案中規定，同性伴侶可以準用《民法》繼親收養的規定，收養過程需聲請法院認可，透過法律程序，才能轉移親權與父母身分。比較特別的是，整部法案未出現「夫妻」等稱謂，而是以「雙方當事人」取代；至於草案第二條「稱同性婚姻關係者，謂相同性別之二人，為經營共同生活之目的，成立具有親密性及排他性之永久結合關係」，為避免引起反同方對「婚姻」二字的反感，後面相關條文只要涉及婚姻關係者，一律以「第二條關係」取代，形成既詭異、又有趣的現象。

尤美女瞭解行政院在承受反同、挺同的重大壓力下，可以提出不違背大法官七四八號解釋的法案名稱，已經非常難得了，她認為：「頭過身就過，再慢慢修，至少這裡拿到六十分……先求有再求好，不然什麼都沒有！」至於她過去所提的修《民法》版本，她知道違背公投結果，自然不能再推了。只是《七四八號施行法》中沒有觸及共同收養、人工生殖的部分，是她覺得較為遺憾之處，因為臺灣已有幾百個同志家庭生養的孩子，希望透過婚姻制度保障家長與子女之間的關係，並不是在要求什麼特權，但《七四八號施行法》規定同志不但無法共同收養，也無法收養另一方在單身時便已收養的子女，畢竟「共同監護」與「親子關係」是不一樣的，「共同監護」只發生在孩子未成年之前，那麼當孩子成年之後，等於與另一方完全沒有法律關係，將成為法律上完全的陌生人。

挺同團體向來認為訂定專法就是歧視，但在公投投票結果如此懸殊的情況下，也不得不有所妥協。婚姻平權大平台發表聲明指出，行政院的命名原則顯見承受許多反同方壓力，他們仍願肯定草案以實質內容保障了同婚權利，並積極向同志社群進行說明；伴侶盟也肯定行政院版在各方折衝下的命名，但也指出專法不允許共同收養，只能繼親收養一方的親生子女，保障未盡完全。

至於反同方當然仍不滿意。下福盟召開記者會指出，公投第十案通過即代表多數人不希望改變「一夫一妻」的婚姻定義，如今政府要立法執行七四八號釋憲，而七四八號釋憲文本身就充滿爭議，顯然政府是在落實七四八號解釋，不是在落實公投結果。下福盟公民行動總召游信義認為，政府應該要回應公投結果，但就《七四八號施行法》名稱看來，這完全是政治操作，政府用不負責任、投機取巧、試圖雙面討好又暗渡陳倉的方式來踐踏民意。下福盟堅持要制定非婚姻制度的《同性共同生活法》，並提出三大理由：

一、《同性共同生活法》的合法性來自十二案公投主文：「你是否同意以民法婚姻規定以外之其他形式來保障『同性』別二人經營永久『共同生活』的權益？」所以制定名為《同性共同生活法》的專法有民意基礎。

二、依據大法官七四八號解釋，國家保障同性共同生活關係的目標是「使『相同性別』二人，得為經營『共同生活』之目的，成立具有親密性及排他性之永久結合關係」，而《同性共同生活法》的專法名稱，就是來自釋字七四八號。

三、同婚專法會改變一男一女婚姻定義，罔顧主流民意，衝撞臺灣家庭價值，而《同性共同生活法》比同婚專法更具民意正當性。[2]

2 見下一代幸福聯盟官網 https://taiwanfamily.com/tag/同性共同生活法。

關於《同性共同生活法》的主張，有九位法律學者認為違憲，他們投書媒體指出：

從《憲法》解釋最基本的文義解釋來看，「婚姻自由」中的「婚姻」二字並非單純「共同生活結合關係」而已，還包括「婚姻」關係的許多法律面向，如互為配偶、婚姻財產制、父母子女、遺產繼承，乃至於《刑法》通姦罪是否成立亦以婚姻關係是否存續為前提。「共同生活結合關係」在法律上並無特定意涵，以此混淆「婚姻」定義，恐怕連最基本的文義解釋都無法滿足。

……無論再怎麼曲解，都無法迴避大法官在使用「為經營共同生活之目的，成立具有親密性、排他性之永久結合關係」的時候，始終都是和「婚姻」二字結合在一起。換言之，「共同生活的永久結合關係」就是「婚姻」，不可能區分前者和後者。下福盟不應該再繼續割裂大法官解釋，散布錯誤的法律知識。無論是依用《民法》或另立專法，同性婚姻就必須是婚姻，不可能是「同性生活」

> 或「同性伴侶」。
>
> ……誠如司法院在選後發布的聲明指出：此次公投係法律位階的公投，不能牴觸《憲法》層次的司法解釋。反同公投的結果最多只能說是將「立法形式範圍」更為具體化，完全無法推翻釋字第七四八號對於同性性傾向者「婚姻自由的平等保護」。否則，當初中選會就不必要求下福盟修改公投主文。既然公投主文必須合憲，公投結果的解釋更需合憲。即便政府選擇另立特別法，也必須保障同性性傾向者的婚姻自由。而且基於平等保障，特別法中的各項權利義務皆應與《民法》所規定者一樣，不得創設婚姻以外的制度，給予差別對待，形成《憲法》所不容許的「次等」公民。[3]

事實上，行政院版本以專法形態出現，完全符合七四八號解釋文「以何種形式

3〈婚姻須平權，行政院切不可違憲〉，邱文聰等，蘋果新聞網，二〇一九年一月二十八日。

達成婚姻自由之平等保護，屬立法形成之範圍」的意旨，為了避免刺激反同人士，專法甚至使用《司法院釋字第七四八號解釋施行法草案》為名，完全不提「婚姻」二字，而且不准同婚者共同收養，所謂的「第二條關係」還不擴及同婚伴侶血親的姻親關係，把同婚者關係局限在彼此二人，可說是用心良苦。只是這樣的退讓，仍無法得到反同方的善意回應，對他們而言，《七四八施行法》迴避了敏感的「婚姻」二字，實質上等於是賦予同性準用《民法》結婚的權利。為了反制，他們串連反對勢力向民進黨施壓，並提出《公投第十二案施行法》草案（亦即下福盟的《同性共同生活法》），由國民黨立委賴士葆負責提案，連署立委包括國民黨賴士葆、鄭天財、孔文吉、沈智慧、曾銘宗、費鴻泰、呂玉玲之外，民進黨黃國書、陳歐珀、林岱樺等亦連署了這份草案。

眼見朝野仍對同婚法案意見相左，蔡英文總統公開發文表示：

同志婚姻的議題，經過兩年多的討論，也帶來社會的對立衝突。現在，應該是要解決問題的時候了。

作為執政者，我們不能迴避責任，必須勇敢地承擔。我們的團隊用了最大的智慧，尋求社會的最大公約數，但這的確是很大的挑戰。我們必須要符合大法官的解釋，也必須尊重公投的結果。在這兩者之間，行政院提出了《司法院釋字第七四八號解釋施行法》並在院會通過，送交立法院。

我相信這個方案，或許還是有些人不滿意，但是希望大家體諒到這是一個社會分歧的議題，希望我們可以用寬容、互相理解的心情，盡量來接受這個方案。我們是一個民主國家，民主的價值，就是能夠包容差異，同時，民主也為我們提供了一個解決分歧意見的方式。希望這個法案在立法院順利地通過，讓臺灣的民主，成為成熟的民主社會面對分歧性議題的重要典範。

為什麼行政院版本已經退讓這麼多了，反同方仍執意抗爭到底？他們在反對什麼？

美國維吉尼亞聯邦大學的高穎超教授認為，《七四八施行法》相較於婚姻平權的理想，已讓同志團體從放棄修《民法親屬編》、放棄增修《民法》專章，到接受專法、法條名稱、關係名分……實際權益都與異性婚姻有所落差，為什麼反同團體依然苦苦相逼，堅持己見？他認為反同婚運動（與反同志教育運動）人士更在乎的是婚姻、家庭等價值：

外人可能難以體會為什麼反同人士遇到「婚姻、家庭、性別、同性、傳統、價值」等詞就警鈴大響、就戰鬥位置。為什麼他們堅持「同性」和「婚姻」絕不能連結在一起？如果我們撥開那些「幸福、愛家」的修辭迷障，走入他們的生活與思維世界，將會發現：這些詞（象徵符碼）構築了他們最基本的社會觀、世界觀和自我形象。

反同運動的核心參與者認為每天生活都是「屬靈爭戰」，想像同志、離婚、性少數等各種異己都是「仇敵」，要無時無刻抵抗仇敵（撒但的試煉），反同者的自我（self）才得以安身立命。一旦國家告訴他們：要和所有國民（包括同志）和睦共處、平起平坐，同性戀是正常的，他們會感覺自己構築的聖潔世界被玷汙、被入侵，信仰的基石遭到毀壞，自己的道德地位不再高於同性戀，因此社會觀天崩地裂，自我形象陷入混亂，因此難以忍受，激烈反抗同婚是「不得已」的必要反應。「都是同運、政府逼我的！」

這種自認為高人一等的不平等信仰觀如果留在個人心裡或會所圍牆內，其實社會無置喙之地。臺灣憲法和《七四八施行法》都肯認宗教自由。即使世俗國家將同婚法制化，宗教團體依然能堅持他們的異性婚姻神聖信仰，拒絕給予同志祝福，然後讓信徒自己在「自由的宗教市場經濟」裡選擇是否留在該會堂。但是，當有宗教團體欲將「獨尊異性戀」的信仰觀強加在全國人民（包括同志公民）頭上，披著公民團體的外衣，阻擋其他人獲得平等的幸福保障時，公民社會與國家制衡的力量就應介入，調整不平等的體制。[4]

三月初，同婚立法正式開戰。為了趕在大法官釋字五月二十四日期限前通過，民進黨團打算速戰速決，提案將《七四八號施行法》跳過委員會審查，逕付二讀，時代力量黨團並未反對，但國民黨、親民黨團主張退回程序委員會，最後表決結果，民進黨團挾人數優勢過關。值得注意的是，民進黨的黃國書、許智傑、何欣純、邱議瑩和莊瑞雄投出棄權票，時代力量的黃國昌、徐永明、林昶佐贊成逕付二讀，高潞·以用未投票，洪慈庸則因請假未出席投票。

三月中旬，立法院處理國民黨立委賴士葆等人提案的《公投第十二案施行法》草案，內容包括以「非婚姻制度」保障同性二人共同生活權益，透過「同性家屬」定義相互身分關係與法律稱謂，允許共組家庭，保障醫療事務代理、生活照顧義務、共有財產處理、協議遺產分配等權利，其中較具爭議的是「同性家屬」的定義，必須是「沒有親密關係」。表決之前，先是時代力量黨團提案退回程序委員會，遭到藍綠立委聯手反對，隨後國民黨團提案逕付二讀，時代力量立委全體退席，現場無人表達異議，順利逕付二讀，與政院版《七四八施行法》草案併案協商。只是兩個版本幾乎沒有交集，屆時該如何協商，將是一大難題。

就在協商進入倒數之際，宏達電董事長王雪紅設立的「信望愛基金會」提出《司法院釋字第七四八號解釋暨公投第十二案施行法》草案，委由民進黨立委林岱樺提案。這份草案以行政院版條文為底，鎖定最爭議的「同性婚姻」定義，修改為「同性結合」關係，並刪除行政院版「繼親收養」權利，其餘財產分配和繼承、互負扶養義務、分擔家庭費用和同居義務等，大致比照行政院版，準用《民法》婚姻、配偶等規定，標榜是「兼顧釋憲和公投結果的折衷版」。

這個版本加入了一條「防偽條款」，規定雙方當事人三等親、檢察官及社福主管機關，可以訴請法院確認雙方關係不成立，被不少人抨擊認為具有歧視意味，因

4〈反同婚爭戰的「象徵暴力」與權力鬥爭〉，高穎超，《上報》，二〇一九年三月二日。

為這等於是容許父母、子女、祖父母甚至姑姑、叔叔、舅舅等血親，有權要求拆散同性關係。儘管如此，草案仍得到不少跨黨派立委支持，包括民進黨林岱樺、邱志偉、黃國書、蔡適應、陳歐珀、蘇治芬，國民黨沈智慧、黃昭順、林德福、鄭天財，孔文吉、廖國棟、呂玉玲、簡東明、徐志榮，親民黨周陳秀霞及無黨籍趙正宇等。值得注意的是，參與賴士葆版與林岱樺版連署的委員有半數以上重複，屆時支持哪個版本，勢將影響整體協商走向。

簡單來說，行政院版、賴士葆版及林岱樺版的專法草案差異如下：

	行政院版	下福盟版（賴士葆版）	信望愛版（林岱樺版）
法案名稱	司法院釋字第七四八號解釋施行法	公投第十二案施行法	司法院釋字第七四八號解釋暨公投第十二案施行法
關係	同性婚姻	同性家屬	同性結合
允許年紀	滿十八歲	滿二十歲	滿二十歲

收養子女	準用民法繼親收養規定	不涉及兒童收養，以現行法為基礎，由同性家屬採書面委託他方共同監護。	約定共同監護制
親等限制	直系血親及直系姻親、旁系血親在四親等以內、旁系姻親在五親等以內等，不得成立。	直系血親及直系姻親、旁系血親在六親等以內、旁系姻親在五親等以內等，不得成立。	直系血親及直系姻親、旁系血親在四親等以內、旁系姻親在五親等以內等，不得成立。
防偽條款（防假結婚）	無	無	當事人三親等內血親、檢察官、社會福利主管機關，得訴請確認關係不成立。
施行日期	二〇一九年五月二十四日	公布後半年	二〇一九年五月二十四日

到了五月分，立法院針對三份草案進行三次協商，朝野各有打算，不同政黨內部也沒有共識，據說不少區域立委已傾向不出席、不投票、或是對關鍵條文棄權，避免正面表態。有民進黨立委建議朝野黨團協商時，採不記名方式進行逐條表決，好讓委員「無後顧之憂」，也有民進黨立委建議黨團應直接祭出黨紀支持行政院版，

好讓區域立委「方便向選民交代」，可見來自選民的壓力有多大。

五月二日，第一次朝野協商，主要是針對行政院版及賴士葆版進行併案討論。協商一開始，段宜康便稱現在的情況像過馬路停在中間，往前或往後都會被車撞，但不能乾脆停在中間的安全島上，而且這個安全島底下是沒有立足基礎的空氣。他認為大法官解釋很清楚，同性不只是「結合」，還要符合《憲法》對婚姻自由的保障，任何法律若不能保障同性婚姻，都是違背釋憲和《憲法》，因此唯一的選擇就是支持行政院版。尤美女則指出，賴士葆版把大法官釋字保障同性關係的「親密性、排他性」拿掉，無疑是要求同性伴侶必須是「無性」關係，等於是「和尚條款」、「尼姑條款」，而且也沒有要求同居義務，完全背離大法官解釋要求保障的同性關係。

代表下福盟提案的賴士葆則說，既然大法官解釋在先，公投結果在後，因此應該看最新的公投結果，何況公投是全民意志，大法官僅十幾個人，十幾個人意見比較重要？還是七百萬人意見重要？民進黨鍾佳濱則表示，行政院版和賴士葆版「有很堅定的價值與信仰，衝撞在所難免」，他願意有所妥協，建議等林岱樺提案的《司

二〇一六年十月二十四日，尤美女及多位支持同婚的民進黨立委共同召開記者會，正式提出《民法》修正案（同婚法案）。

照片提供：尤美女

二〇一六年十二月十日，婚姻平權大平台在凱道舉辦「讓生命不再逝去，為婚姻平權站出來」音樂會，有二十五萬民眾到場支持同婚法案。

照片提供：沃草

「讓生命不再逝去，為婚姻平權站出來」音樂會當天晚上，主辦單位以雷射燈光投射在總統府外牆。

照片提供：彩虹平權大平台

二〇一六年十二月二十六日，同婚法案完成司法及法制委員會審查。
照片提供：尤美女

二〇一七年三月二十六日，婚姻平權大平台在大甲媽祖繞境時於彰化員林接駕，祈求媽祖保佑婚姻平權得以實現。
照片提供：彩虹平權大平台

二〇一七年五月二十四日下午，司法院公布同婚釋憲案結果（第七四八號解釋），在立法院旁集會關注的挺同群眾當天晚上共同參與「彩虹點亮臺灣」活動。

照片提供：彩虹平權大平台

二〇一八年十月底的同志遊行，婚姻平權大平台也在場宣導公投。
照片提供：彩虹平權大平台

二〇一八年底公投前，義工在街頭向民眾解說。
照片提供：彩虹平權大平台

公投前夕，婚姻平權大平台以群眾募資方式購買廣告宣傳，圖為行經西門町的燈箱廣告車。
照片提供：彩虹平權大平台

二〇一九年五月十七日下午，《七四八號施行法》逐條表決完畢，三讀通過。尤美女步出議場，在天橋上向守候在立法院旁激動不已的挺同民眾揮手致意。
照片提供：彩虹平權大平台

二〇一九年五月二十四日，正式開放同性婚姻登記，同志團體舉辦公開的結婚儀式慶祝這個歷史性的時刻。圖中為作家陳雪及她的伴侶早餐人。
照片提供：彩虹平權大平台

法院釋字第七四八號解釋暨公投第十二案施行法》逕付二讀再進行協商。發言委員各自表明立場，但無具體交集與共識，最後召委周春米同意鍾佳濱等人建議，決定等林岱樺版若逕付二讀，再交由院長蘇嘉全召開朝野協商。

五月九日，第二次朝野協商。林岱樺版在五月三日已決議逕付二讀，協商同時討論行政院版、賴士葆版及林岱樺版。

親民黨立委李鴻鈞率先發言說，大法官釋憲是「舊」的法律解釋，但公投有「新」的法律產生，這樣子會不會有矛盾？既然釋憲結果與新民意有所衝突，應該請大法官針對新民意解釋之後再做認定，並強調這是「法律問題」，不是反同婚，企圖將所有討論重新歸零。賴士葆則是附和李鴻鈞的說法，重申行政院版本「只見大法官解釋，不見六、七百萬人的公投」，質疑公投結果推翻大法官意見，挺同方卻說大法官位階比較大，那當初何必公投？這樣民意怎麼會服氣？他還說自己家中也有同志，可是他身為立法委員，不能視六、七百萬民意於無物，所有說法與下福盟不明法律位階的謬誤如出一轍。

面對同儕至今仍提出「公投結果大於釋憲」的說法，尤美女耐住性子逐字念出反同方的第十案及第十二案公投主文及意見書指出，反同方提案的主文已清楚說明「你是否同意《民法》婚姻規定應限定在一男一女的結合？」「你是否同意以《民法》婚姻規定以外之其他形式來保障同性別二人經營永久共同生活的權益？」都在理由書表明不排除以《民法》以外的其他方式形成釋字七四八號稱的婚姻保護了，況且行政院理由書中也提及《憲法》保障同性結婚權利，因為有七四八號解釋，不會因公投結果有所變更。法務部次長陳明堂則是回應，大法官解釋拘束全民和各行政機關，這不是七四八號解釋獨有的現象，何況公投理由書中沒有否定七四八號解釋，只是說不要用在《民法》，所以提出專法保障就是尊重公投結果。

經過一連串討論與回應，蘇嘉全院長裁示各黨團先凝聚共識，交換意見，預定在五月十四日進行逐條朝野協商，並希望日後不要又有委員突然「路過」進來協商，針對已解決的問題再吵一次。

五月十四日，第三次朝野協商。挺同團體在立法院旁舉行聲援活動，表態要守護行政院版本，下福盟則是公開呼籲立委必須落實公投民意結果，才能避免撕裂社會。立法院民進黨團總召柯建銘接受媒體訪問時不禁感慨說道，這是他擔任立委二十幾年來，遇過最困難的法案。

為什麼困難？因為光是法案名稱、以及採用哪種「關係」，朝野各黨團就沒有任何共識。至於法案內容，賴士葆提出修正動議，強調他要全案保留，並堅持自己的版本，甚至高聲嗆道：「表面專法，事實上都準用《民法》，如假包換掛羊頭賣狗肉。」隨後便起身離席。支持賴版的沈智慧則是語出驚人表示，若立法院依照大法官的解釋來立法，就會變成司法院的「細漢仔」。由於賴士葆突然離席，另一版本提案人林岱樺也未出席，兩個重要提案的立委不在場，根本無法協商，眾立委僅能逐條各言爾志。最後，除了少數條文建議依照行政院版通過，其他幾乎是全數保留，決定在十七日交由院會表決處理，至於林岱樺版本第八條的「防偽條款」，時代力量黃國昌認為這是非常怪異的立法，歧視性太高，民進黨立委尤美女也認為違背人權，希望不要通過，最後院長蘇嘉全詢問各黨團意見後，裁示建議不採納此條文。

那段時間立法院氣氛詭異，就算立法迫在眉睫，藍綠立委皆閉口不談，也不討論，就算有人在群組拋出相關訊息，眾人反應都是已讀不回。頓時之間，同婚議題有如不能說的佛地魔，一旦有人提起，群組總是一片靜默。

這樣的沉默，令人不安。

同婚專法相關草案十七日將在立法院闖關，各方人馬不敢鬆懈，尤其是反同陣營更是頻頻出招。他們除了不斷宣傳「公投結果大於釋憲」「民進黨不可違背七百萬民眾的意見」的一貫說法，還製作了一部「國父孫中山顯靈」影片，片中國父吊在半空中向民眾表示，「婚姻應限定在一男一女結合，大法官只有釋憲和解釋憲法的權力，並無立法權。」這部影片在網路上瘋傳，卻也招致「沒有法律知識」、「論點太瞎」、「別忘了國父也娶三妻二妾」等負評。

表決投票在即，行政院版能否過關仍充滿了變數。國民黨團下達指令，要求所有委員必須團進團出，不得跑票。民進黨團因行政院版本讓同志準用《民法》結婚，已在基層引發民怨，特別是教會和家長團體反彈強烈，對選區結構相對保守的部分區域立委構成強大壓力，考慮轉向支持林岱樺版，逼得高層頻頻「固票」。過去因政治立場迥異的國語教會與臺語教會聯手拜會民進黨立院黨鞭柯建銘，下達最後通牒，要求民進黨不要誤判形勢，否則將用選票在二〇二〇年「下架民進黨」。

為了共同研商對策，凝聚共識，十六日下午民進黨召開行政立法協調會議，發出甲級動員，表明「不接受請假」，會議由蘇貞昌、柯建銘共同主持。那日蘇院長感性發言說：

「明天就是歷史的關鍵時刻了，各位委員有的做一屆，有的做好幾屆，大家在立法院通過的法案幾百、幾千件，但將來可以拿出來談的、拿出來講的，其實不多。將來一定會被問到的，一定有明天同婚這一案。到那時候，整個社會進步到那裡了，你可以拍胸脯，很大聲地說：『你看，當年壓力是多麼大，但我還是頂下來了，我投下關鍵的一票！』當然，你也可能被自己的孩子、孫子問到：『當年那歷史性的時刻，歷史性的一天，你為什麼沒有站出來？』

各位，四十年前美麗島事件，軍法大審的時候，全臺灣有近千位律師，但真正敢站出來的，只有我們十五個，三十三年前民主進步黨組黨的時候，其實真正簽名的沒有那麼多人，因為那時候會被捉，會被判，會被關。後來事情過去了，組黨的名單卻愈來愈長，因為有人把名字加上去，大家都想搭上關鍵的列車。

各位，明天是歷史的時刻，當然這很不簡單，所以我非常感謝柯總召及各位立委先進，這段時間面對壓力，卻始終和黨、大家團結站在一起。

我只是要跟各位報告，要拜託各位，你和民進黨是分不開的，你要用民進黨提名來參選，你怎麼可能贊成國民黨的案，站在國民黨那邊？逃避只會更被看不起，沒有人會感謝你，如果明天案沒有過，那更是民進黨大敗！人家更看不起你民進黨、更看不起你，你一定更難選！

行政院版微調版已經是大家討論、大家一起、大家用盡智慧所提出來，也是尊重公投結果、遵守大法官解釋意旨。為了讓法案順利通過，實質保障同性伴侶的婚姻自由，行政院予以尊重。

我拜託大家，請大家明天勇敢地站在一起，請大家在明天歷史性的時刻投下關鍵的一票，讓臺灣的社會向前一步，歷史一定會記住你、大家一定會感謝，我也在這裡深深感謝。」[5]

當時在場的尤美女聽了十分感動，她回憶說道：

「蘇院長對於人權、弱勢的堅持不用懷疑，至於他個人是否強烈支持同婚？我並不清楚。可是如果他不支持同婚，他大可以弄一個反同方的版本啊，對不對？但是並沒有。我想，他是站在人權或時代潮流、或是站在遵守《憲法》的角度，都必須這樣做，就算不是基於他個人的確信，而是他身為行政院長的職責所在，他都必須這樣做，想辦法讓法案通過，我自己是從這樣的角度看。他提到美麗島那席話是關鍵，真的是說服了所有立委，好幾個人都掉淚了，他希望黨內立委站在同一條陣線上……這是一段有歷史感、有高度的談話！」

蘇院長的溫情喊話，讓這場會議秉持「文字微調，內容不變」的原則，在不違

5 這段文字摘錄自蘇貞昌當天的臉書貼文，據悉與他對黨內立委的溫情喊話內容大致雷同。

反第七四八號釋憲文的前提之下，修改了行政院版草案幾項條文：

一、修正草案第一、二、四條條文，將「婚姻」改為「結婚」。[6]

二、原草案中「同性婚姻」四個字引發反同團體不滿，也為中南部立委帶來巨大壓力，經討論決定第二條改為「相同性別之二人，得為經營共同生活之目的，成立具有親密性及排他性之永久結合關係」，刪除原版本「同性婚姻」四個字。

三、針對草案第四條提出修正動議，明定「成立第二條關係應以書面為之，有二人以上證人之簽名，並應由雙方當事人，依照司法院釋字第七四八號解釋之意旨及本法，向戶政機關辦理結婚登記」。

那日會議，或許是與會人士都能體諒各自在選區面臨的壓力，並沒有劍拔弩張的叫囂，也沒有激情衝突的辯論，但就算達成了修改草案的幾點共識，整體氣氛仍顯嚴肅低迷。有委員直言如果投支持票的話，下一屆就選不上了，甚至情緒激動到眼眶泛紅，像是陷入了天人交戰。

然後，終於到了十七日的表決日。

為了確保當日議程不被干擾，民進黨團半夜便由總召柯建銘領軍，與黨籍立委拉著椅子在議場前排隊，經過徹夜輪班守候，清晨六點多就聚集在議場外面了。為什麼要這麼做？目的是什麼？尤美女解釋給我聽：

「外界常覺得執政黨一定無往不利，其實很多政治動作是可以阻擋法案的。例如國民黨決定付委，不讓你表決開會，法案出了委員會，任何黨團都可以提出異議，一個月後沒有異議才可以進入黨團協商，等於有一個月的冰凍期。等黨團協商完，才到院長協商，協商不成就是交付表決。很多法案法條很多，所以院長在協商的時候希望各黨團都能來，對於沒有爭議的法案只要唸過去就好，不用表決就進入二讀。有爭議的條文，看是哪幾條就逐條表決，逐條表決前還要依照各黨代表席次去發言，發言完再表決，通過一則條文就要花一、兩個小時，至於沒有共識的條文要

6 據說法案在出行政院之前，有人反對保留「結婚」的說法，蘇院長說：「我從當美麗島律師到現在，一輩子在幫大家爭公平的權利，為什麼他們要結婚兩個字，我們不能給？」因此法案就這樣定了調。見《雨過天青》頁一五四，彩虹平權大平台，二〇二一。

表決，其實很花時間的，即使是沒有爭議的法案，只要有黨團不簽字，全部都得表決，光是一個法案可能就要表決一天，後面的法案就連動都不能動了。反對黨常用這種方式在牽制，真的不是執政黨想過就可以過，所以我們必須一大早就在那邊排隊，確保院會可以優先表決民進黨團的再修正動議版本……立法院其實也是鬥智的地方！」

那日天色灰濛濛的，早上九點不到，立法院外便聚集了上萬名挺同人士。爾後天空下起大雨，卻沒有澆熄支持者的熱情，大家穿著雨衣，打著雨傘，手上舉著「表決不能輸」、「支持行政院版七四八」的標語，透過婚姻平權大平台在青島東路架設的即時轉播瞭解議場實況。他們想讓立法院裡投票的委員知道，大家都在這裡支持他們，一個都不能少。

進入表決之前，尤美女率先發言說，反同方一直認為行政院版本並未遵照公投結果，因此她提出公投第十案及十二案的內容進行討論。她說，公投第十案「你是否同意《民法》婚姻規定應限定在一男一女的結合？」的理由書中寫，「本公投案並不排除同性二人依其他法律的規定，使釋字七四八號所稱的婚姻自由，同性二人得為經營共同生活的目的，成立具有親密性及排他性的結合關係。」可見行政院版專法符合公投第十案。至於公投第十二案「你是否同意以《民法》婚姻規定以外之其他形式來保障同性別二人經營永久共同生活的權益？」其中理由書寫道：「本件以《民法》婚姻規定以外的形式，來保障同性權益的公投案。督促有關機關，僅採取《民法》婚姻以外的適當保護途徑，來保護同性二人得成立永久關係，制訂特別法或以其他形式等適當途徑，並保障同性二人得為經營共同生活的目的，成立具有親密性及排他性的永久結合關係。」可見行政院版專法不只是遵照大法官釋字七四八號，保障同性二人的婚姻自由的平等權，同時也遵照公投七百多萬人的意見，是用專法而不是《民法》。她希望大家在歷史性關鍵的一刻，做正確的選擇，讓臺灣能夠邁向婚姻自由平等的國家。

經過一個小時的討論（或說是各言爾志），終於進入關鍵的表決時刻。

行政院版法案最引起爭議的地方，主要是在第二條與第四條關於同志伴侶的定義。為了化解爭議，民進黨團提出再修正動議，將原第二條「同性婚姻」刪除，最後順利通過第二條條文如下：「相同性別之兩人，得為經營共同生活之目的，成立具有親密性及排他性之永久性結合關係。」出席九十七人，贊成七十五人、反對二十二人，棄權零人，除了民進黨、時代力量立委支持，國民黨團沒有黨紀約束而採開放投票，李彥秀、柯志恩、蔣萬安、陳宜民、林為洲、林奕華、許毓仁、許淑華等八人均投贊成票。

至於攸關同志可以「結婚登記」，被視為是這次關鍵性條文的第四條，原本是「由雙方當事人向戶政機關為登記」，經修正動議改為「由雙方當事人向戶政機關為結婚登記」，表決時只有民進黨立委林岱樺投下反對票，另有十二名綠委，包括黃國書、江永昌、趙天麟、劉櫂豪、許智傑、陳亭妃、葉宜津、陳瑩、洪宗熠、楊曜、何欣純、蔡適應等人技術性缺席投票。至於國民黨柯志恩、李彥秀、蔣萬安、陳宜民、許淑華、許毓仁、林奕華等七名立委均投出贊成票，最後以贊成六十六票、反對二十七票壓倒性地過關。這時場外上萬人同時爆出歡呼，同志們更是相擁而泣、大聲喊道「我們可以結婚了！」

經過四個多小時的逐條表決，《司法院釋字第七四八號解釋施行法》三讀通過，臺灣正式成為亞洲第一個同性婚姻合法化的國家。

下午三點二十九分，當立法院長蘇嘉全敲下議事槌的那一刻，尤美女的心情可說是五味雜陳，微調的行政院版本竟出乎意料得到比預估更多的票數，讓她頗感意外。人生中見證了臺灣社會如此巨大的改變，她覺得經歷的一切抹黑、詆毀都值得了，過去她向同志許諾，在卸任之前讓大家可以結婚，如今她陪大家走完最後一哩路，完成了承諾，她真的可以卸任了。

在法案表決之前，各國駐臺使節代表紛紛問尤美女，法案會不會過？她總是答道「非常困難」，這次如果不是總統、行政院長及立法院同儕以政治生命當作賭注，不可能有這樣的結果，她內心充滿了感激。法案三讀之後，她主動走向林岱樺，抱了抱她，她以為就算兩人立場迴異，但不是敵人，既然法案通過了，大家就繼續攜手前行吧。她也公開感謝總召柯建銘的「臨門一腳」，若是他向反同方屈服的話，最後也不可能贏，她說：

「他在歷史性關鍵時刻，向《憲法》低頭，可能是蘇院長的那席話，感召出柯總召的歷史感，讓他在最後時刻守住憲政防線，這點我必須要對他致敬。」

尤美女走出立法院議場，站上青島東路天橋向群眾揮舞著彩虹絲帶時，全場歡聲雷動，一整天烏雲密布的天空驟然放晴，戲劇性地出現一道彩虹。她說，法案通過代表大家已經跨出了第一步，讓同志朋友原本黑白不完整的人生，又重新燃起希望，讓他們可以勇敢去愛，去規劃未來；雖然這部法案並不完整，但她相信只要跨出第一步，前方的道路會更為順遂。話還沒說完，現場又立刻響起如雷的掌聲與尖叫聲。

尤美女不忘提醒現場支持同婚的群眾說，今天雖然是值得慶賀的日子，但她很擔心民進黨區域立委可能會流失票源。她說，這些立委拿自己的政治生命當作賭注，支持民進黨的核心價值，維護人權，非常不容易，希望支持同婚的朋友，能夠承諾明年選舉支持民進黨，用這樣的方式互相幫忙。

回想推動婚姻平權法案成功的過程，尤美女認為關鍵在於大法官的釋憲：「許多重要的細節其實藏在大法官七四八號解釋文裡。第一，解釋文裡『有關機關應於本解釋公布之日起兩年內，依本解釋意旨完成相關法律之修正或制定』。明訂了兩年內必須完成修法。第二，在解釋文最後『逾期未完成相關法律之修正或制定者，相同性別二人為成立上開永久結合關係，得依上開婚姻章規定，持二人以上證人簽名之書面，向戶政機關辦理結婚登記。』如果沒有『結婚登記』這四個字，我覺得同婚可能到現在還過不了。

「我相信大法官在做這個解釋的時候，可能不是刻意把『結婚』這兩個字加上去，如果用白話翻譯這段話的意思是：雖然給你兩年的時間，但是因為爭議太大，可能兩年後還修不了法，但是又不能讓這樣不公不義的事情繼續存在；如果兩年一到法案還是修不出來，同志就依照《民法親屬編》到戶政機關去辦理登記。重點就解釋文中如果只寫『辦理登記』，同志現在仍可能只能以七四八號第二條的『相同性別之二人，得為經營共同生活之目的，成立具有親密性及排他性之永久結合關係』

向戶政辦理登記，而不是結婚登記……我覺得冥冥中真的有很多天助，讓我們可以走到今天。」

那天夜裡，尤美女以無比興奮的心情寫下：

國際反恐同日的今天，我們臺灣的國會終於三讀通過不再恐同的同性婚姻法案，使臺灣成為亞洲第一個通過同婚法案的國家，除了經濟奇蹟、民主政治奇蹟，更創造了人權奇蹟。

這段漫漫長路，自一對女同志伴侶於一九五八年叩了第一關，迄今一甲子；祁家威先生自一九八六年爭取同性婚姻，一晃三十三年；立法院第一部同婚法案是蕭美琴委員二〇〇六年所提，一轉眼十三年過去；我二〇一二年進入立法院第一年所提、保障同性婚姻的民法修正案，迄今也七年。

這超過半世紀的一棒接一棒努力，凝聚能量，從涓滴到成河，社會從視而不見到極力反抗，再到立法通過，真的走得很辛苦。這中間有多少生命殞落，有多少霸凌、委屈、挫折、困頓，但大家都挺過來了，靠著堅定意志、永不放棄，不斷與社會對話，終於使臺灣國會寫下憲政與性別平等的新頁，使所有相愛的同志不需再偽裝，可以做自己、歡喜成家。

這一路走來，要感謝婚姻平權大平台、台灣同志諮詢熱線、台灣同志家庭權益促進會、同志人權法案遊說聯盟、婦女新知基金會、社團法人台灣伴侶權益推動聯盟等團體，這段時間以來承受各種壓力，努力推動，真的辛苦了。也要感謝在街頭、在市場、在校園、在社會各個角落一起努力的朋友們，有大家的付出和支持，我們才能一步又一步踏出堅定的步伐，凝聚正能量，而能夢想成真。

更要感謝蔡英文小英總統、行政院蘇貞昌院長的感性號召，立法院民進黨團柯建銘總召與黨團幹部的努力穿梭，民進黨委員以及其他委員跨黨派的支持。許多委員面對龐大的選區壓力，卻還是投下了歷史性的關鍵一票，使臺灣被世界看見，希望大家不吝給予這些委員們支持和鼓勵。

所有法案都很難一步到位，很遺憾這次無法完整保障所有同志家庭以及跨國同志伴侶的權益，但我們的社會還需要一些時間的沉澱與療癒，讓我們記住這一路的學習和經驗，在同婚法案的基礎上繼續一起努力。

從其他國家的經驗我們知道，在同性婚姻合法化後，可能還會遇到一些疑問或是挑戰，但同時也會讓更多人瞭解，他們所擔憂的事情並不會因同婚合法化而發生。讓我們持續和更多人對話，以愛與包容來共同面對、縫補社會所經歷的撕裂。

祝福大家有情人終成眷屬，心中有愛，人間處處有彩虹。

信念，足以讓生命花朵燦爛盛開。八年來，在有如戰場的立法院裡，能夠支撐尤美女在槍林彈雨中依然堅持的動力，除了信念，還是信念，為了同志不被剝奪的基本人權而努力。

她做到了。

九、風雨後的微光

走過釋憲、公投、立法等不同階段，臺灣同婚合法化的成果得來不易。《七四八號施行法》通過之後，反同團體依舊負隅頑抗。二〇二〇年總統大選及立委選舉期間，雲林、高雄、屏東、臺北等地都出現反同婚選舉宣傳（如國民黨屏東縣黨部的選舉文宣寫著「公投滾邊去，小英照推同性婚姻」，民進黨嘉義縣立委蔡易餘的司機拆下「阮想要抱孫」的反同婚布條，被布條署名單位的臺灣媽媽聯盟提告，警方依竊盜罪嫌將該司機函送法辦），讓多位綠營立委不得不在政見發表會上再三強調，同婚專法並未影響原本婚姻制度，更不會「絕子絕孫」。最後，在任內推動婚姻平權的蔡英文總統以八一七萬多票高票連任，四十一位尋求連任、且在之前投下贊成同性婚姻法案的現任立委之中，有三十二位成功贏得選戰。至於具有教會背景的反同團體「安定力量」只拿到九萬多張政黨票，明顯比二〇一六年信心希望聯盟得到的二十多萬票少了許多，可見反對同婚並不是票房靈丹，支持同婚也未必是票房毒藥。

根據行政院性平處統計，截至二〇二二年四月底止，已有近八千對同性伴侶登記結婚，有六〇．九％民眾認同同性伴侶應享有合法結婚權利，較《七四八號施行法》通過之前上升了二三．五％。此外，有七一％民眾同意「同性配偶應該有領養小孩的權利」，七一．八％民眾同意「同性配偶一樣能把孩子教養好」，可見一般民眾對同婚的接受度提升不少。二〇二三年五月，行政院公布由大平台執行的《臺灣多元性別者同志生活狀況調查研究報告》，五二％的受訪者認為過去一年中，社會對多元性別者的歧視和敵意有減少的趨勢，對政府改善「對多元性別者的偏見和不寬容」的努力給予六六．五五分的正向評價。

如今，同婚合法化已經四年了，「臺灣會變成愛滋島」、「臺灣會亡國滅種」、「爸爸媽媽會不見，爺爺奶奶會消失」、「婚姻制度將被破壞殆盡」這些反同人士的擔憂，是否已然成真？答案當然是否定的。就像尤美女說的：「每次新的人權價值要往前進，一定會有反對的人往後拉，因為大家習慣對未知的事情有莫名的擔心和反對，因此會先選擇抗拒。結果改變了之後才發現，天還是一樣藍，雲還是一樣白，並不會天崩地裂。」

尤美女始終認為，權利從來不會從天上掉下來，許多事件都是經由前人不斷努力的累積，只要堅持，終將抵達彼岸，這是一條漫長、但值得走一趟的路。她說：「同婚不是有先知先覺登高一呼就夠了，所有的過程都不是任何人可以掌握或主導的。人權是漸進式的演進，集結眾人之力爭取而來，讓邊緣的人慢慢被發現，因為時代潮流不斷地往前推，讓所有能量不斷地被捲動，至於推動它的動力是什麼？就是前人不斷的耕耘。我個性是比較執著的人，既然提案了就會堅持往前走，能走多少算多少，不會落跑，既然做了就要做完，這是一種負責任的態度……就算前面那麼多人耕耘看不到成績，但只要堅持下去，一定會等到天時地利人和的那一天。」

當年《七四八號施行法》通過實施時，尤美女仍有些許遺憾，例如跨國同婚的部分，《涉外民事法律適用法》第四十六條規定有婚姻成立的實質要件，如果外國人的本國法不承認同性婚姻，他／她與臺灣人民締結的婚姻將不被承認。就算同婚法案通過之後有四對跨國同性伴侶打贏行政訴訟，但這些仍是以個案處理，並不是通案。沒想到二〇二三年一月十九日，行政院長蘇貞昌在卸任之前拍板定案，由內政部發函解釋擴大跨國同性結婚的範圍，除了中國之外，其餘跨國伴侶（包括港澳）均適用《涉外民事法律適用法》第八條規定准予結婚登記，也就是說，不論臺灣人民的同性伴侶屬於哪個國籍，就算該國不允許同性結婚，兩人都可以在臺灣登記結婚，合法成家。

另外，當年因反同團體的壓力，使得《七四八號施行法》第二十條規定，已婚同性伴侶無法共同收養無血緣子女，若是A女同志與B女同志結婚，B在法律上無法成為A親生子女的雙親，在這種「法律單親、實質雙親」的狀況下，若A因故死亡或出了意外，B除了無法請育嬰假、無法為孩子行使醫療與日常決定，更不可能收養孩子，家庭勢必會產生諸多困境，這讓尤美女感到憂心。沒想到二〇二三年五月十六日，立法院三讀通過同性伴侶可以無血緣收養孩子，這無疑是繼跨國同婚在一月全面開放後，臺灣距離婚姻平權又往前邁出了一大步。

二〇二〇年七月，尤美女卸下立委身分之後，得到法國在臺協會頒發法國國家功勳騎士勳位，法國在臺協會主任公孫孟細數尤美女對臺灣婦運及同婚合法化的貢獻，他說：

「二〇一二年您進入立法院繼續推動女性權利相關法案，例如取消強制冠夫姓、離婚財產平均分配等，也開闢另外一個與女性息息相關的戰場——保護LGBT人士的權利。您為臺灣歷史寫下重要的一頁，您讓同性伴侶也可以享有婚姻的關係，這是充滿荊棘的道路，但您從未退縮……這對臺灣的LGBT社群與整個社會來說是一個重大的勝利，這個勝利也是您個人生涯的一個勝利。這項法律讓臺灣從此晉身為亞洲與世界捍衛人權先驅，這當中，您居功厥偉。」

「您是一位永不倦怠的人權鬥士，面對所有的困難意志堅決、忠實於自己相信的價值與進行的戰鬥，您所信仰的價值與法國一致：自由、平等、保衛人權。我在臺北上任以來經幾次確認，如今我可以確定一個直覺：這些你我共享、對您至關重要的進步價值，創造了雙方彼此的責任與義務，是團結互助也是彼此相互學習，因為人權每退後一步就是全人類的危機，每進展一步就是全人類的勝利……您是法國非常了不起的朋友。」

得到這份難得的殊榮，尤美女有驚喜，也有感動。她除了對法國政府表示感謝，也以為這是法國政府對與她一起在人權跟性別議題上共同努力的戰友的肯定，不願獨自居功。她衷心感謝婦運前輩的提攜與尊重，為她的性別意識開啟了大門，啟發了她對性別運動的興趣。她知道，同婚合法化並不是性別平權運動的終點，因為社會對同志的歧視仍然存在，對同婚的誤解並未消失，雖然她已經離開國會，仍持續走在推動性別平權的道路上，希望能促使相關法案更加完善周全。

猶記得婚姻平權公投失敗那天，尤美女在二二八紀念公園對同志朋友說：「在這麼艱困時候，只有正能量能帶領我們突破難關，大家不要悲觀、憤怒、口出惡言，保持愛和關懷，就能用正向能量衝破難關、抵達終點！」

每一道明淨的光都值得珍惜，只要堅定，就算逆風也可以走下去。

大事記

一九五八年	一名女性向臺北地院詢問可否與女友結婚，臺北地院認為依《民法》規定，同性無法結婚。
一九八六年	祁家威向臺北地院申請與男友結婚被拒，理由是「違反善良風俗」。
一九九六年十一月	作家許佑生與伴侶葛瑞舉辦臺灣第一場公開的同志婚禮。
二〇〇〇年九月	祁家威聲請同性婚姻釋憲。
二〇〇一年三月	法務部擬定《人權保障基本法》草案，其中第二十四條第一項：「國家應尊重同性戀者之權益」，第二項：「第一項同性男女得依法組成家庭及收養子女」。然而草案並未進入立法程序。
二〇〇一年五月	大法官會議決議不受理祁家威聲請之同婚釋憲。
二〇〇三年七月	總統府人權小組研議的《人權基本法》草案出爐，第三條：「人人應享有之自由及權利，不因（……）性傾向（……）或其他身分，而有所歧視。」第二十六條：「人民有依其自由意志結婚與組織家庭之權利。同性男女所組織之家庭得依法收養子女。」草案並未出行政院。

二〇〇六年	婦女新知基金會成立「多元家庭小組」，確立推動「伴侶法」以保障同性及異性伴侶之法律權利。
二〇〇六年三月	蕭美琴立委主辦「同志婚姻是否合法化」公聽會。
二〇〇六年十月	由蕭美琴立委辦公室草擬，蕭美琴、余政道、林淑芬、鄭運鵬四位立委共同提出《同性婚姻法》草案，最後並未成功進入審查。
二〇〇八年十月	婦女新知舉辦「親密想像，多元未來——同居伴侶修法方向」平臺會議，討論多元家庭的涵蓋範圍及推動議題的合作模式。
二〇〇九年	婦女新知邀請台灣同志諮詢熱線協會、女同志拉拉手協會、同志家庭權益促進會等團體，聯合組成「台灣伴侶權益推動聯盟」。
二〇一一年	陳敬學與伴侶阿瑋向臺北市中山區戶政事務所辦理結婚登記，被拒絕後提起行政訴訟。
二〇一二年七月	伴侶盟公布「多元成家」《民法》修正草案，包含「婚姻平權、伴侶制度、家屬制度」三個部分。
二〇一二年八月	伴侶盟正式登記立案。
二〇一二年九月	伴侶盟發動「多元成家，我支持！」連署，準備在一年後將多元成家修法草案送進立法院。
二〇一二年十一月	臺北高等行政法院就陳敬學案進行言詞辯論庭。

二〇一二年十二月	尤美女立委在立法院提出《民法》修正案聲援陳敬學。
二〇一二年十二月	臺北高等行政法院宣布將針對陳敬學案再開言詞辯論，並擬聲請司法院大法官會議解釋。
二〇一三年一月	陳敬學因壓力過大決定撤銷告訴。
二〇一三年三月	祁家威再度登記結婚未果，向臺北市政府提出訴願被駁回，提起行政訴訟後在臺北高等行政法院及最高行政法院皆敗訴。
二〇一三年十月	多元成家三草案中的《婚姻平權草案》由鄭麗君立委在立法院提出，得到尤美女、蕭美琴、林淑芬、段宜康、陳其邁等立委連署支持。
二〇一三年十一月	下一代幸福聯盟在凱道舉辦「為下一代幸福讚出來」遊行，主張「捍衛婚姻」、「反修民法九七二」。
二〇一四年八月	伴侶盟號召三十對同性伴侶前往戶政事務所登記結婚，其中三對伴侶在登記被拒之後提起行政訴訟。
二〇一四年十月五日	伴侶盟發起「彩虹圍城」包圍立法院，要求盡速通過《婚姻平權草案》。
二〇一四年十月十六日	立法院司法及法制委員會舉辦「用平等的心把每一個人擁入憲法的懷抱——同性婚姻及同志收養議題」公聽會。
二〇一四年十二月二十二日	《婚姻平權草案》於立法院司法法制委員會進行第一次詢答。尤美女所提《民法》修正案及《婚姻平權草案》最後都未進入實質審查。

二〇一五年四月	三對同志伴侶於二〇一四年八月所提的行政訴訟首次開庭。
二〇一五年八月	祁家威由伴侶盟律師團代理聲請同性婚姻釋憲。
二〇一五年十月	民進黨組團參加同志大遊行，是臺灣第一次有政黨組團參加。同志大遊行當天，民進黨總統候選人蔡英文於臉書發表影片，在影片中自述：「在愛之前，大家都是平等的。我是蔡英文，我支持婚姻平權。每個人，都可以自由去愛、追求幸福。」
二〇一五年十一月	臺北市政府民政局向司法院聲請釋憲。
二〇一六年三月	尤美女邀集同志諮詢熱線、同志家庭權益促進會、婦女新知、同志人權法案遊說聯盟等團體，組成「同婚修法小組」，討論同婚如何修法。
二〇一六年五月十七日	尤美女辦公室舉辦「同婚收養子女座談會」，廣邀同志社群進行內部座談。
二〇一六年十月十六日	畢安生逝世，捲起巨大討論熱潮，讓許多民眾瞭解並同理同志伴侶缺乏法律保障的情況。
二〇一六年十月二十四日	尤美女正式提出討論已久的《民法》修正案（同婚法案），許毓仁立委及時代力量黨團亦提出各自的同婚法案版本。
二〇一六年十一月十七日	立法院司法及法制委員會開會審查同婚法案。

二〇一六年十二月十日	婚姻平權大平台在凱道舉辦「讓生命不再逝去，為婚姻平權站出來」音樂會，到場支持同婚法案的民眾達二十五萬人。
二〇一七年二月十日	司法院宣布受理祁家威及臺北市政府所提的同婚釋憲案。
二〇一七年三月二十四日	司法院大法官會議進行言詞辯論庭。
二〇一七年五月二十四日	司法院公布同婚釋憲案結果（釋字第七四八號解釋），宣告現行《民法》未保障同性婚姻，違反《憲法》第二十二條保障婚姻自由與第七條平等權，相關機關應修正或制定法律保障同性婚姻，若兩年內未完成，同性伴侶可直接到戶政機關登記結婚。
二〇一七年十月	臺北高等行政法院針對於二〇一四年八月提起行政訴訟的三對同志伴侶當中的方敏與糖糖案宣判「部分勝訴，部分敗訴」。
二〇一八年一月	下一代幸福聯盟提出三項公投連署案，合稱「愛家三公投」。中選會於四月通過三項公投案。
二〇一八年四月	挺同人士因中選會通過三項反同方提出的公投案，另提三項「平權公投」，其中第三項為宣示性質，並未進入第二階段連署。
二〇一八年十一月二十四日	公投結果出爐，三項反同公投獲得壓倒性票數，兩項平權公投也未成功。依下福盟所提公投主文，保障同性婚姻僅能另立專法，無法修《民法》。

二〇一九年二月二十一日	行政院提出《司法院釋字第七四八號解釋施行法》草案。
二〇一九年三月十五日	下福盟批評行政院版專法掛羊頭賣狗肉，另提《同性共同生活法》草案，由賴士葆立委在立法院代為提案，稱為《公投第十二案施行法》草案。
二〇一九年四月二十九日	信望愛基金會另提《司法院釋字第七四八號解釋暨公投第十二案施行法》草案，由林岱樺立委在立法院代為提案。
二〇一九年五月十六日	民進黨召開行政立法協調會議，行政院長蘇貞昌於會中發表一席具歷史感召力的溫情談話，說服了許多因選民壓力而猶疑不定的黨籍立委。
二〇一九年五月十七日	立法院院會進行逐條表決，微調後的行政院版《司法院釋字第七四八號解釋施行法》三讀通過。
二〇一九年五月二十四日	《七四八號施行法》正式實施。
二〇二三年一月	行政院長蘇貞昌拍板定案，由內政部發函解釋擴大跨國同性結婚的範圍，除了中國之外，其餘跨國伴侶（包括港澳）均適用《涉外民事法律適用法》第八條規定准予結婚登記。
二〇二三年五月	立法院三讀通過《七四八號施行法》第二十條修正案，同性伴侶可以收養無血緣子女，包括一方收養「他方養子女」及「共同收養」第三人子女。

Voice

春山之聲　O51

亞洲第一：尤美女和臺灣同婚法案的故事

作　　者　陳昭如
總 編 輯　莊瑞琳
責任編輯　吳崢鴻
行銷企畫　甘彩蓉
業　　務　尹子麟
封面設計　廖韡
內文排版　藍天圖物宣字社
出　　版　春山出版有限公司
　　　　　地址：11670臺北市文山區羅斯福路六段297號10樓
　　　　　電話：02-29318171
　　　　　傳真：02-86638233
法律顧問　鵬耀法律事務所戴智權律師
總 經 銷　時報文化出版企業股份有限公司
　　　　　地址：33343桃園市龜山區萬壽路二段351號
　　　　　電話：02-23066842
製　　版　瑞豐電腦製版印刷股份有限公司
印　　刷　搖籃本文化事業有限公司
初版一刷　2023年10月
初版二刷　2024年1月
定　　價　新臺幣380元
I S B N　978-626-7236-58-1（紙本）
　　　　　978-626-7236-66-6（PDF）
　　　　　978-626-7236-65-9（EPUB）

填寫本書線上回函

國家人權博物館
NATIONAL HUMAN RIGHTS MUSEUM

春山
Email　SpringHillPublishing@gmail.com
Facebook　www.facebook.com/springhillpublishing/

國家圖書館出版品預行編目資料

亞洲第一：尤美女和臺灣同婚法案的故事／陳昭如著. -- 初版.
-- 臺北市：春山出版有限公司, 2023.10
面；　公分. --（春山之聲；51）
ISBN 978-626-7236-58-1（平裝）

1.CST：尤美女　2.CST：同性婚　3.CST：立法　4.CST：民法

573.664　　112015331

All Voices from the Island

島嶼湧現的聲音